图解乒乓球 基础
技术与训练

视频学习版

U0125534

原国家乒乓球队队员
青年奥运会女单冠军 | 顾玉婷 编

人民邮电出版社
北 京

图书在版编目（CIP）数据

图解乒乓球基础技术与训练：视频学习版 / 顾玉婷
编. -- 北京：人民邮电出版社，2023.5
ISBN 978-7-115-58294-2

Ⅰ. ①图… Ⅱ. ①顾… Ⅲ. ①乒乓球运动－图解
Ⅳ. ①G846-64

中国版本图书馆CIP数据核字(2021)第259947号

免 责 声 明

作者和出版商都已尽可能确保本书技术上的准确性以及合理性，并特别声明，不会
承担由于使用本出版物中的材料而遭受的任何损伤所直接或间接产生的与个人或团体
相关的一切责任、损失或风险。

内 容 提 要

本书由原国家乒乓球队队员顾玉婷编写，是其多年实战经验的总结之作，适合乒乓
球教练、体育老师以及乒乓球爱好者阅读。本书从球拍与握法、基本规则等基础知识入
手，循序渐进地讲解了基本姿势、步法等基础技术，然后重点讲解了涵盖横拍技术、直
拍技术、削球技术、综合技术、常用战术等多项技战术。全书内容系统完整，技术讲解
详细，不仅采用了图文解读的方式展示内容，还提供了部分技术动作的演示视频，扫描
书中的二维码即可观看。

◆ 编　　　　　顾玉婷
　　责任编辑　林振英
　　责任印制　彭志环
◆ 人民邮电出版社出版发行　　北京市丰台区成寿寺路 11 号
　　邮编　100164　电子邮件　315@ptpress.com.cn
　　网址　https://www.ptpress.com.cn
　　北京天宇星印刷厂印刷
◆ 开本：700×1000　1/16
　　印张：13　　　　　　　　　　2023 年 5 月第 1 版
　　字数：297 千字　　　　　　　2024 年 8 月北京第 6 次印刷
定价：68.00 元
读者服务热线：(010)81055296　印装质量热线：(010)81055316
反盗版热线：(010)81055315
广告经营许可证：京东市监广登字 20170147 号

在线视频访问说明

为了帮助读者更好地掌握动作技术，本书提供了大部分动作的演示视频，具体可通过以下步骤在线观看。

步骤1

点击微信聊天界面右上角的"+"，弹出功能菜单，点击菜单上的 "扫一扫"（图 1），扫描技术动作讲解页面上的二维码。

步骤2

扫描后可直接进入视频观看页面（图2）。

图1

图2

扫描右方二维码添加企业微信。

1. 首次添加企业微信，即刻领取免费电子资源。

2. 加入体育爱好者交流群。

3. 不定期获取更多图书、课程、讲座等知识服务产品信息，以及参与直播互动、在线答疑和与专业导师直接对话的机会。

目录

第3章 横拍技术

3.1 发球

3.2 击球

第4章 直拍技术

第5章 削球技术

第6章 综合技术

6.1 横拍综合技术

6.2 直拍综合技术

第7章 常用战术

第 1 章

基本知识

如果你是乒乓球运动的初学者，那在学习具体技术之前，你需要详细了解乒乓球运动的基本知识，包括球拍、握法、规则等。扎实的理论基础可以帮助你更加深入地了解乒乓球运动，也会让你更快地进入打乒乓球的状态。

球拍分类

不同种类的球拍的性能及优缺点是不同的，球员会根据自己擅长的打法以及身体条件选择适合自己的球拍。一个适合自己的球拍往往可以让你在练习中获得事半功倍的效果。

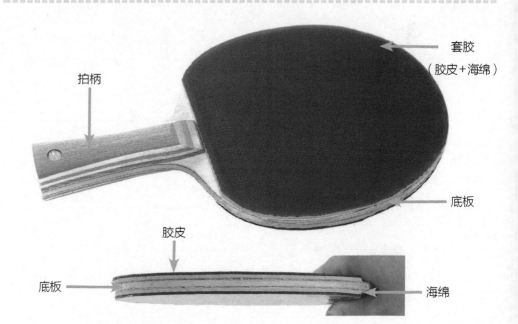

拍柄

套胶
（胶皮＋海绵）

底板

胶皮

底板

海绵

▶ 球拍分类

球员使用的乒乓球拍大致可以分为两类——直拍和横拍，二者在使用方法与拍柄形状等方面都存在很大的差异。其中，直拍可以让球员较好地处理发球与近台位置的来球，但不利于球员反手击球；而横拍可以让球员较为流畅地进行正、反手切换，从而快速展开进攻。此外，在拍柄形状上，直拍的拍柄较短，分为日式直拍与中式直拍；横拍的拍柄略长一些，有直形、喇叭形和人体工程学形。

● 直拍　　　　● 横拍

胶皮分类

球拍两面所贴的胶皮是直接与球接触的地方，所以胶皮的类型也是影响球拍性能的重要因素之一。一般来说，胶皮都会覆盖在海绵上，海绵则粘在底板表面。

▶ 胶皮分类

乒乓球拍两面都要贴上用橡胶制成的胶皮，而胶皮则要根据球员的打法进行选择，以帮助球员充分发挥自己的优势。

胶皮可以大致分为3类——反胶、正胶及长胶。其中，反胶颗粒朝下、光面朝上，故表面比较平滑。反胶球拍击球稳定，控球能力强，更容易让球带上旋转，能够让球兼顾速度与旋转。因此，反胶是初学者首选的类型，也是专业选手最常用的类型。

正胶颗粒朝上，弹性比较大，表面布满了较小的突起，正胶球拍能让球有较轻微的旋转，跟反胶比起来，在处理对手的旋转球上更具优势。正胶球拍击球球速快，方便展开近台快攻，也是适合初学者的类型。

长胶也是颗粒朝上，表面布满了较软的突起，只是突起的高度比正胶高，分布面积也比正胶大。长胶球拍对球的摩擦极小，所以很难主动制造旋转，需要借助来球的旋转或冲力才能增加回球的旋转。此外，因为长胶上的颗粒细长且软，所以长胶球拍在击球时会有所倾斜。故长胶不易控制球路，也不利于球感的培养，并不适合初学者使用。

◉ 反胶

◉ 正胶

◉ 长胶

球拍握法

不同种类的球拍的握法也有一定的区别。只有正确握拍，球员才能充分发挥球拍的性能，同时减少自己受伤的风险。为方便展示动作要领，全书默认右手为球员惯用手。

▶ 直拍握法

标准的直拍握法要求球员用惯用手的拇指与食指在正面环扣住拍柄，并且两指之间的距离要适当；剩余 3 根手指并拢且自然弯曲，轻轻托在球拍背面；拍柄的背面贴在虎口位置。

 ● 正面　　 ● 背面

▶ 横拍握法

标准的横拍握法要求球员惯用手的中指、无名指与小指自然弯曲，握住拍柄；拇指斜按在球拍正面靠近中指的位置上；食指自然伸直，斜放于球拍背面靠近边缘处；用虎口卡住球拍的侧面。

● 正面　　● 背面

必知规则

初学者应详细了解乒乓球运动的基本规则，在规则的理解及记忆方面出现差错会导致很多低级的失误。

▶ 如何获胜

国际上的单打赛事多数采用7局4胜制，且两局之间没有规定固定的休息时间。不过在每局结束后，球员可以要求一分钟之后再开始下一局比赛。

对战中，先累计得11分的球员赢下此局；如果在累计得10分或之后打平，则需再得2分才能拿下此局。一定注意，双方分数都达到10分时，先领先对方2分的一方为胜方。

如果对方出现以下情况，判为本方得分：对方未能合法发球，球在对方的半台上反弹超过两次，对方未能成功回击来球（没接到、球未过网或出界等），对方先后多次击球等。其中，合法发球是指非持拍手五指并拢，水平伸直，掌心朝上，使乒乓球静止停在掌心，之后垂直向上抛球，使球升高至少16厘米，且不能通过转球等方式制造旋转；在球到达最高点后开始下降时，才可击球，发出的球必须先落在本方半台，接着弹起通过球网，再落在对方半台；此外，发球过程中不得有遮挡球的行为。

	获胜局数	每局比分	
球员A	2	4	该方发球
球员B	0	3	

▶ 发球次序和初始站位的选择

比赛前，应该进行抽签，中签者能选择自己的发球次序或初始站位，但只能决定其中一项，另一项由对方决定。每局比赛中，一方完成两次发球后，换对方发球；每局到达赛点或采用轮换发球法时，则轮流发球。一局结束后，双方要交换发球次序与初始站位；在最后的决胜局中，如果有球员先获5分，那也要交换初始站位。此外，如果以上方面出现差错，裁判应该及时暂停比赛，确定正确的发球次序与初始站位，然后继续进行比赛，之前的得分均有效。

第 2 章

基本练习

不管是多么成功的球员，都不应停止基本练习。球员在进行基本练习时，一定要保持自己动作的标准，以形成正确的肌肉记忆。只有打下坚实的基础，球员才能在实战中有更好、更流畅的动作表现。

基本站姿

在击球或发球时，球员都要保证自己的姿势正确，以充分发挥出自己的水平，并减少受伤的风险。

▶ 准备姿势

集中注意力，双脚打开，略比肩宽，前脚掌撑地，脚跟可以稍稍抬起，核心收紧，上身略微前倾。右臂自然弯曲，手腕自然放松，使球拍位于腹部的右上方，拍头指向斜前方。左臂也自然弯曲，置于身体侧前方。

⬤ 45度

⬤ 侧面

动作要领

在比赛中，球员要控制自己与球台之间的距离，这样既能适当增加击球前的判断时间，同时也能够缓冲来球的冲击力。

技术解说

由于不同人的身体条件存在一定差异，所以每个人的准备姿势不用完全一样，在保证大框架正确的情况下，可以进行个性化调整。

基本站位

球员经常忽略站位的重要性。科学的站位不仅可以提高球员正、反手的切换速度及增强动作的连贯性，还可以让球员的进攻能力有质的提高。此外，不同的打法适合的站位也是不同的。

▶ 基本站位

通常情况下，基本站位要求球员在球台偏左。离台 20~40 厘米的位置以基本站姿站好，并保证球拍略高于球台，拍头朝前。

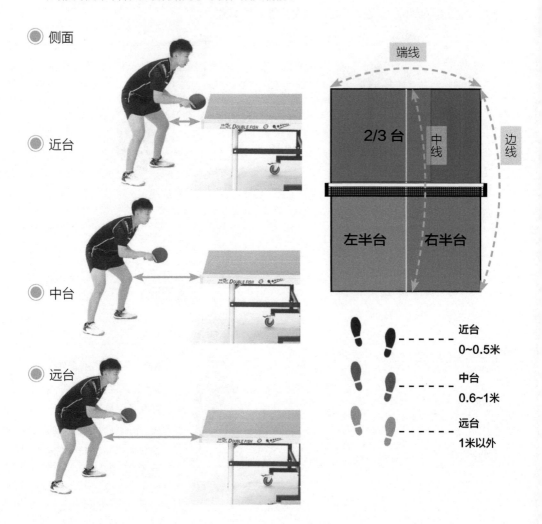

○ 侧面

○ 近台

○ 中台

○ 远台

端线

2/3 台　中线

边线

左半台　右半台

近台
0~0.5米

中台
0.6~1米

远台
1米以外

正手引拍

引拍是挥拍击球前必不可少的准备动作，它决定着击球的力度、方向与所制造的旋转性质，直接影响着击球质量。

以基本站姿站好，手臂与手腕放松，时刻注意来球动向。

腰部向右转动，带动右臂向后引拍，肘关节自然打开，并逐渐将重心转移到右脚上。

动作要领

引拍的方向由来球的球路和旋转、回球时自己想要的击球点和想制造出的旋转决定；引拍的距离由之后挥拍时想要的力量大小来决定，二者成正比关系。

技术解说

引拍时，持拍侧手臂的肘关节要自然打开，避免上臂、前臂之间的夹角过小，否则会导致肌肉过度紧绷，不利于之后的发力挥拍。

反手引拍

　　反手击球也必须经历引拍阶段。为避免身体的阻挡，球员在反手引拍时要转动身体，让出空间，以充分地进行引拍。

以基本站姿站好，降低身体重心，手臂与手腕放松，时刻注意来球动向。

肩膀随腰部向左转动，从而带动右臂自然从身前向后引拍。同时右侧肘关节弯曲，使球拍移动到自己的左腹前方，完成引拍。

◉ 正面

动作要领

　　转身时，球员一定要注意动作的协调性，以腰部为轴，通过腰部的转动带动肩膀转动，从而让手臂自然从身前向后引拍。此外，引拍的方向应与身体重心移动的方向保持一致，因为反手引拍是向左后方引拍，所以重心要随之向左转移。

单步

2.2 步法

单步动作简单，重心转换平稳，当来球距离身体较近（不超过一步远）且转体需要的幅度不大时，球员可以使用单步移动到方便接球的位置。

以基本站姿站好，集中注意力，时刻注意来球动向。

以离球较远的那条腿为轴，前脚掌用力蹬地，转身，带动另一只脚向来球方向迈步，身体重心随之转移至移动脚上。

● 向其他方向移动

并步

并步的移动距离比单步大，过程中球员身体重心起伏较小，不会出现双脚同时离地腾空的情况，所以在移动过程中，球员身体可以始终保持稳定。

以基本站姿站好，集中注意力，时刻注意来球动向。

以离球较近的脚作为支撑脚，另一只脚的前脚掌用力蹬地，向支撑脚并一步。

在离球较远的那只脚落地后，支撑脚向来球方向迈一步，移动到方便接球的位置。

细节指导

移动过程中，双脚均不能抬得太高，以保证身体起伏的幅度较小，且在一只脚着地后另一只脚才能迈步。此外，要始终保持屈膝状态，并将重心放在前脚掌上。

跨步

跨步的移动速度较快，但移动距离不大，介于单步与并步之间。跨步移动的过程中，球员的重心会降低，所以球员往往需要借力还击，不便自己主动发力。

以基本站姿站好，集中注意力，时刻注意来球动向。

以离球较远的那条腿为轴，前脚掌用力蹬地，转身，另一只脚向来球方向跨出一大步，同时将身体重心移到这只脚上。之后蹬地脚的脚尖着地，快速滑半步跟过去。移动到合适的位置后，挥拍击球。

◉ 正面

快速滑步跟上

细节指导

跨步的移动距离不宜过大，否则身体容易失去平衡，导致球员挥拍时无法准确发力，使回球质量降低。此外，蹬地时脚跟要离地，用前脚掌内侧发力蹬地，以保证身体顺利移动。

跳步

　　跳步的移动距离大于并步与跨步，其速度也更快，且球员落地后仍能主动发力连续回击来球，便于主动展开进攻。

| 以基本站姿站好，集中注意力，时刻注意来球动向。 | 双脚同时用力蹬地起跳，主要用离球较远的那只脚发力，向来球方向跳去。 | 落地时，双腿屈膝缓冲，先落地的脚快速蹬地，让身体重心回到双脚中间。 |

⬤ 正面

双脚同时起跳离地

离球较远的脚先落地

细节指导

在跳跃移动时，球员要收紧腹部，保证腾空时重心平稳移动，防止落地时失去平衡。之后，蹬地时用力较大的那只脚（即离球较远的脚）要先落地。

正交叉步

　　正交叉步的动作难度较大，但其移动距离大、移动速度快，并能充分利用转体的力量让回球的威力更强，球员经常用它来扑救打向右方的大角度球。

▋以基本站姿站好，集中注意力，时刻注意来球动向。　　▋腰与髋迅速向来球方向转动，同时将重心移至右脚，以左脚脚尖点地。

▋左脚从身前向右跨出一大步，形成正交叉步，右脚随之移动，落在左脚的右后方。　　▋右脚落地后快速蹬地转身，在身体转回的过程中，正手击球。

 动作要领

　　球员在使用正交叉步击球时，移动与击球的时机需要精准配合，否则会大大降低回球的质量。此外，在移动过程中，身体重心应始终跟随脚步移动，让动作协调、有力。

反交叉步

　　反交叉步适用于反手击球，其原理与正交叉步基本相同，一般在来球距离身体较远且要反手击球的情况下使用。

以基本站姿站好，集中注意力，时刻注意来球动向。

以左脚为轴，逆时针转身，腰部与髋部迅速转向来球方向，同时把重心移至左脚，右脚脚尖点地。

右脚从身前向左跨出一大步，形成反交叉步，同时转体，挥拍击球。左脚随之移动，落在右脚的左前方。

 动作要领

　　球员在使用反交叉步击球时，脚步与挥拍要协调配合，挥拍，保证在合适的时机击球，以充分发挥转体与前冲的力量。

单步侧身

当来球落点位于球员的反手位，但想使用正手进行抢攻时，可以通过单步侧身移动到合适的位置。

以基本站姿站好，集中注意力，时刻注意来球动向。

上身前倾，臀部向右转动，带动右脚后撤，从而让身体调整到适合正手击球的角度。

技术解说

单步侧身后，往往会衔接抢攻战术，所以一定要保证落地时重心稳定，这样才能平稳、准确、有力地击球，增强回球的威力，获得主动。

细节指导

右脚向左后方撤步的距离一定要足够大，不然球员很难将身体调整到适合正手击球的角度，也不利于发力，难以顺利完成回球。

并步侧身

　　球员在侧身时，步法的选择尤为重要，一定要根据来球的距离、速度与自己的位置选择合适的步法进行侧身。并步侧身比单步侧身的移动距离更大、重心更稳，球员要根据具体情况进行选择。

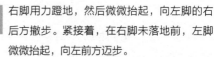

以基本站姿站好，集中注意力，时刻注意来球动向。

右脚用力蹬地，然后微微抬起，向左脚的右后方撤步。紧接着，在右脚未落地前，左脚微微抬起，向左前方迈步。

右脚着地后，左脚继续向左前方迈步，移动到左半台，同时转身，调整身体至适合正手击球的位置与角度。

双脚都落地后，右脚迅速蹬地，左脚向前迈一小步，将重心移至左脚，同时使用正手击球，右脚随之前移。

侧身抢攻移动

球员在侧身抢攻移动时，会通过身体的侧向移动，让反手击球变为正手击球。但由于移动后正手位会出现大范围的空当，所以一定要保证回球的威力。

以基本站姿站好，集中注意力，时刻注意来球动向。

如果来球的落点在左半台，那么左脚向左侧迈一小步。

臀部顺时针转动，使身体调整到适合正手击球的角度，并带动右脚后拉，使其向左脚靠近。紧接着，在右脚落地前，左脚微微抬起，向左前方迈步。

双脚落地，将重心移至右脚，完成引拍后正手击球。

一步移动（正手）

　　一步移动的距离虽然相对较小，但移动速度是最快的，能够让球员迅速移动到合适的位置回击来球。

以基本站姿站好，集中注意力，观察来球。如果来球在自己右侧，那么将重心移至左脚。

左脚用力蹬地，让右脚大幅度向右迈出，移动到合适的位置，重心随之右移。

在迈步的过程中完成引拍动作，右脚落地，重心完全压在右脚上，左脚脚尖点地。

身体向左转回，重心随之左移，带动右臂前摆，挥拍击球。

一步移动（反手）

如果来球距离身体较远且速度较快，那么球员可以使用一步移动并反手击球的方式。一步移动时，不管是正手击球还是反手击球，都是向左移动时迈左腿，向右移动时迈右腿。

以基本站姿站好，集中注意力，观察来球。如果来球在自己左侧，则将重心移至右脚。

右脚用力蹬地并作为支点，左脚大幅度向左迈出，重心随之左移，移动到合适的位置。

在迈步的过程中完成引拍的动作，左脚落地后，重心完全压在左脚上。

身体向右转回，重心随之右移，带动右臂从身前摆回，挥拍击球。

两步移动

与一步移动相比，两步移动的速度虽然较慢，但移动距离更大，一般可以移动到半个球台远的位置。

以基本站姿站好，集中注意力，观察来球。

如果来球在身体左侧，那么将重心移动到左脚，右脚向左脚靠近，迈出第一步。

在右脚落地前，将重心移至右脚，同时左脚向左前方迈出第二步。

移动到合适的位置后，继续把重心压在右脚上，身体向右转，完成引拍后正手击球。

三步移动

三步移动的移动距离较大，一般情况下，球员通过三步移动可以直接从球台的一侧移动到另一侧，能灵活、及时地移动到合适的位置。

以基本站姿站好，集中注意力，观察来球。如果来球在身体右侧较远位置，那右脚向右迈一小步。注意，第一步的幅度要小。

右脚落地后，迅速将身体重心压在右脚上，然后以右脚为支点，拉动左脚向右脚靠近，迈出第二步。

左脚落地后，随即将重心移至左脚，然后右脚迅速向右迈出第三步，移动到适合正手击球的位置，并将重心压在右腿上，身体随之向右转动，完成引拍后正手击球。

直拍原地托球练习

2.3 球性练习

托球练习可以培养球员的球感，让球员学会如何协调发力，以精确控制球拍，增强手臂力量与耐力，也可以让球员更加了解乒乓球的尺寸、重量等特征。

● 侧面

● 正面

● 45度

双脚分开，与肩同宽，持拍手以直拍的方式握拍，将球拍举到胸前，使球拍正面朝上，拍面保持水平。非持拍手将乒乓球放在球拍上，站在原地，身体保持稳定，手指与手腕发力不断调整球拍，让球在球拍上停留尽可能长的时间。

动作要领

进行直拍原地托球练习时，球员要集中注意力，通过手腕旋转与食指、拇指的发力来调整球拍，注意要小幅度并慢慢地调整，以让乒乓球尽可能平稳地停留在球拍上。

技术解说

进行直拍原地托球练习时，球员始终要保持肩膀放松，不要耸肩或肩膀前倾。非持拍手在放完乒乓球后，应自然放在体侧，不要碰乒乓球，否则会影响练习的效果。

直拍行进间托球练习

　　球员如果已经可以熟练地进行直拍原地托球练习并能保持较长时间，那便可以开始进行直拍行进间托球练习，以更好地练习协调性与平衡性。

▎进行直拍原地托球练习，使球可以平稳地停留在球拍上。

保持托球姿势，慢慢向前走，并努力让球保持在球拍上。熟练后，可以加快行进速度，也可尝试转弯、后退或横向平移。移动时可将重心放低一些，将球托得更稳。

◉ 侧面

直拍原地颠球练习

直拍原地颠球练习也可以培养球员的球感，能够有效增强球员的球感与协调性，并让球员学会如何使用球拍精准地发力，以及如何调整拍面角度以控制球的方向。

双脚分开，与肩同宽，持拍手以直拍方式握拍，将球拍举到胸前，使球拍正面朝上，另一只手持球举在球拍上方30厘米左右的位置。

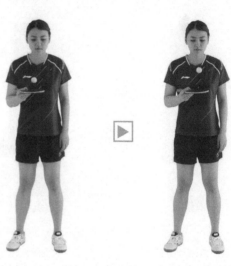

持球手松手，使球垂直落下，然后持拍手持拍在胸前接球，不得使球落地，持续颠球，坚持规定的时间。接球时，拍面保持水平，先略微向下引拍，在球的下落阶段击球的下部，并逐渐控制击球力度，使球能垂直弹起至相似的高度。

◉ 侧面

直拍行进间颠球练习

直拍行进间颠球练习能够更加有效地强化球员的专注性、协调性与平衡性，也可以让球员学会控制击球力度，快速改善击球时的手感与球感。

以直拍方法握拍，在原地进行颠球练习，使球可以在身前垂直、稳定地弹跳。

保持颠球姿势，缓慢向前行走。行进时，球拍保持水平，让球垂直弹起，并努力让其弹起的高度保持一致。熟练后，可以尝试慢跑颠球，也可以通过改变球拍角度，让球小幅度地向不同方向偏移，再及时跟上去接球。

● 侧面

台面颠球练习

台面颠球练习是直拍原地颠球练习的变式，击球时要向下挥动球拍，可以让球员更加全面地观察球从球台弹起后的特征与规律，从而加深对乒乓球的认识。

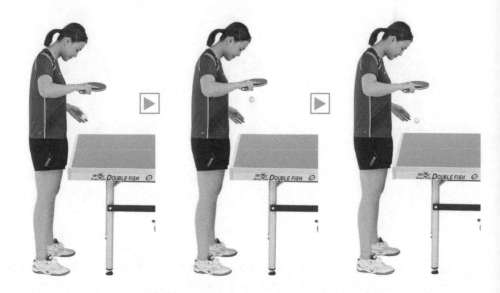

站在球台边，以横拍方式握拍，右臂抬起，肘关节向内折叠，前臂保持水平，右手手腕放松，让球拍反面朝上，左手在球拍下方持球。

左手松手，让球垂直下落，球从台面弹起至胸前高度时，用球拍向下持续拍球，保持规定的时间。颠球时要控制自己的力度与击球时球拍的角度，让球的弹跳轨迹趋于稳定，缩小球的落点的范围。

🏓 动作要领

球员在练习时，肩膀应保持放松，前臂发力向下挥拍击球，并通过手腕的旋转控制拍面角度。待动作熟练后，可以逐渐改变击球的力度及球拍的角度，让球弹起的速度及方向产生变化，从而在提高自己的反应速度的同时，总结球从台面弹起的规律，积累经验、锻炼球感。但注意，击球力度与球拍的角度要适当，避免球弹出球台。

直拍对墙击球练习

因为直拍对墙击球练习的击球方向是向前的，所以其可以让球员的直拍击球技术更加熟练，也能够强化球员的控球能力、反应速度及协调性。

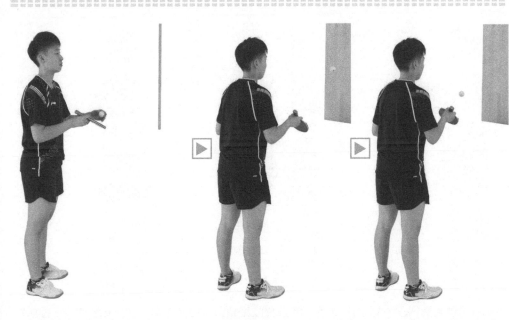

站在距离墙壁1米左右的位置，正对墙面，双脚分开，与肩同宽，以直拍方式握拍，球拍举在胸前，另一只手持球置于球拍前方。

用球拍的正面击球，将球打向墙面，球反弹回来后，待其下落至胸前高度，继续将球打向墙面，坚持规定的时间。击球时，手腕下压，使拍头指向斜下方，同时可以通过旋转手腕让球拍前倾或后仰，以调整回球的方向。

 动作要领

练习时，肩膀与上臂放松，前臂发力向前挥拍。在熟悉动作阶段，球不宜打得太高，击墙高度最好不超过自己的身高。待动作熟练后，球员可以逐渐增大球在墙上的落点的范围，并有意识地控制球的轨迹、速度。球员也可以尝试小范围的移动接球，以进一步熟悉球性，掌握球反弹的规律。

横拍连续对墙击球练习

因为横拍连续对墙击球练习是横拍握法，所以球员可以在熟练后，不断转换拍面进行练习，正、反手交替进行击球，让自己的正、反手衔接更加连贯。

站在距离墙壁1米左右的位置，正对墙面，双脚分开，与肩同宽，以横拍方式握住球拍，球拍举在胸前，另一只手持球置于球拍前方。

用球拍的反面击球，将球打向墙面，待球反弹回来，在胸前继续反手将球打向墙面，坚持规定的时间。在动作熟练后，可以进行小范围移动，交替使用正手、反手回球。

◎ 侧面

手腕内旋，使拍面略微后仰。

横拍双面交替颠球练习

正、反手的快速切换是横拍技术中非常基础且重要的一项，只有流畅且迅速地衔接，球员才能发挥横拍快攻的优势。

双脚分开，与肩同宽，右手以横拍方式握拍，使球拍正面朝上并保持水平，左手在球拍上方举着球。

左手松手，让球垂直落下，然后向上挥拍，在腹部前方击球几次。之后手腕向内翻转，让球拍反面朝上，在球下落至腹部时向上挥拍击球几次。以此类推，交替使用球拍的正、反面颠球。

◉ 正面

肩膀与上臂始终保持放松。

接球时，保证拍面平行于地面，使球垂直弹起。

31

第 3 章

横拍技术

现在，越来越多的人选择使用横拍，其握法简单、上手迅速，并且正、反手切换灵活，打弧圈球时不管是用正手还是反手都能集中发力，有利于在比赛中展开快攻与中远台相持。在赛制改变及乒乓球变大之后，横拍在比赛中的优势更加突出。

横拍正手平击发球

使用横拍正手平击发球技术发出的球速度较慢、略带上旋。该技术是非常简单且基础的发球技术，也是初学者最先接触的发球技术之一。

站在近台位置，双脚分开，略比肩宽，其中左脚在前。膝盖微屈，上身略微前倾，右手以横拍方式握拍，左手持球于掌心。

左手将球向上抛起，同时身体向右转动，重心随之右移，右臂向后引拍并内旋，使拍面略向前倾。

在球从最高点落至稍高于球网的位置时，迅速回身，重心逐渐左移，同时向左前方挥拍，在身体的右前方击球的中上部。

拓展知识

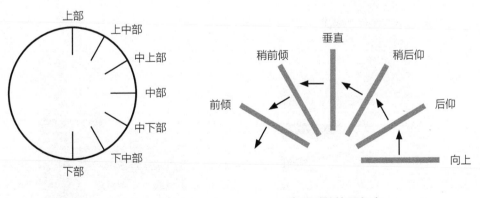

击球部位

击球时的拍面角度

横拍反手平击发球

横拍平击发球也可以用反手完成，其站位、引拍方向、击球点都与横拍正手平击发球有所不同，球员需要分别掌握，不要混淆。

站在近台偏左的位置，双脚平行开立（也可右脚稍靠前），略比肩宽。膝盖微屈，含胸收腹，右手以横拍方式握拍，左手持球于掌心。

左手将球上抛，同时身体向左转，重心随之左移，右臂从身前向左后方引拍至左腹前方。

⬤ 侧面

在球从最高点落至稍高于球网的位置时，迅速回身，重心右移，向右上方挥拍，击球的中上部。

击球点在身体的正前方。

横拍正手发奔球

横拍正手发奔球时，球的速度较快、落点远、冲力大、飞行弧线较低，具有较强的威力，其也是非常基础且重要的发球技术。

站在球台左角外侧，双脚分开，与肩同宽，其中左脚稍微靠前。上身前倾，右手以横拍方式握拍，左手掌心托球置于身体前侧。

左手将球上抛，同时身体向右转，重心随之右移，右臂上抬，肘关节自然弯曲，向身体右后方引拍，且前臂内旋，使拍面前倾。

击球点要比较低。

在球下落至与球网同高时，身体向左转，右上臂架起，以肘关节为支点，前臂向左前上方发力挥拍，使拍面前倾，拍头朝下，摩擦球的中上部。

击球后手臂继续前挥，身体重心最终压在左脚上，之后迅速还原。注意，尽快制动，缩短顺势挥拍的距离。

横拍反手发奔球

横拍反手发奔球时，球也具有速度较快、落点长、冲力大的特点，但其飞行弧线会向对方左侧偏斜，具有较强的左侧上旋。注意，反手发奔球时最好站在中近台位置，这样方便之后回球。

站在中近台位置，右脚在前。屈膝，上身前倾，右手以横拍方式握拍，左手托球置于身体左前侧。

左手将球上抛，同时身体向左转，重心左移。右臂外旋，从身前向左上方引拍至左腹前方。

动作要领

不管是正手还是反手，击球瞬间手腕都要进行具有爆发力的抖动及弹击动作。

在球下落至与球网同高时，回身，带动右臂向右前上方加速挥拍。击球时，击球点要比较低，拍面前倾，摩擦球的中上部。

击球后手臂继续前挥，身体重心最终压在右脚上，之后迅速还原。注意，尽快制动，缩短顺势挥拍的距离。

横拍发短球

横拍发短球出手快且击球动作小，球从对方台面弹起后的第二跳也不会出台，这可以让对手不易发力，无法立即开展抢拉、抢攻等进攻手段。

站在近台位置，双脚分开，与肩同宽，其中右脚在前，膝盖微屈，上身前倾。右手以横拍方式握拍，左手持球于掌心置于身体左前侧。

左手垂直向上抛球，并采取低抛球的方法。同时，身体略微向左转，向左上方引拍至左肩前方，手腕内旋，使拍面后仰。

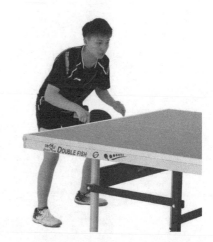

在球从最高处落至低于球网的位置时，回身，同时右臂向右前下方摆动，在左胸前方击球的中下部。

击球后，继续向右前方挥拍，但顺挥动作要小，然后迅速还原成起始姿势。

横拍正手发左侧上旋球

侧旋球具有混合旋转的性质，球在到达对方球台后会侧拐。左侧上旋球速度较快，会向对手视角的左侧拐弯，可以当作奔球来使用，以有效牵制对手。

站在球台左角外侧，双脚分开，与肩同宽，其中左脚在前。上身前倾，右手以横拍方式握拍，左手掌心托球置于身体前侧。

左手将球上抛，同时身体向右转，重心随之向右移动。右臂抬起并向右后方引拍，手腕外旋，使拍面后仰。

在球落至稍高于球网或与球网同高的位置时，回身，右侧上臂架起保持水平，以肘关节为支点，向左前下方加速挥动前臂，挥拍击球。击球时，拍面稍后仰或垂直，用球拍的上半部分击球的中部或中上部，同时向左侧微勾手腕，加强上旋。击球后，顺势挥拍，向前推送球，然后迅速还原成起始姿势。

横拍正手发左侧下旋球

左侧下旋球速度较慢，但依旧会向对手的左侧拐弯，在单打与双打比赛中经常被使用。左侧下旋球在挥拍、击球与顺挥环节与左侧上旋球有所不同，而二者的站位与引拍是相同的。

站在球台左角外侧，双脚分开，与肩同宽，其中左脚在前。上身前倾，右手以横拍方式握拍，左手掌心托球置于身体前侧。

左手将球上抛，同时身体向右转，重心随之向右移动。右臂抬起并向右后方引拍，手腕外旋，使拍面后仰。

在球落至稍高于球网或与球网同高的位置时，回身，右侧上臂架起保持水平，以肘关节为支点，向左前下方加速挥动前臂，挥拍击球。击球时，拍面后仰，用球拍的下半部分摩擦球的中下部，同时手腕、食指、拇指向左前下方发力，加强下旋。击球后，顺势向下挥拍，然后迅速还原成起始姿势。

横拍反手发右侧上旋球

右侧上旋球速度较快，会向对手视角里的右侧拐弯。在比赛中，球员可以利用右侧上旋球对球的速度及旋转性质进行灵活的变化与组合，以迷惑对手，使其回球质量降低，为自己创造进攻机会。

站在左半台位置，双脚分开，右脚在前。屈膝，上身前倾，含胸收腹，右手以横拍方式握拍，左手掌心托球置于身体前方。

左手将球上抛，同时身体向左转，重心随之移至左脚，右侧肘关节向内折叠并略向上提，带动右臂向左上方引拍至左肩前方。

右手腕内旋，使拍面稍后仰或垂直，在球从最高点落至稍高于球网或与球网同高的位置时，回身，同时向右前下方加速挥动前臂，挥拍击球。击球时，要用球拍的上半部分击球的中部或中上部，同时向右上方抖动手腕，发力摩擦球。击球后，顺势向右上方挥拍，然后迅速还原成起始姿势。

横拍反手发右侧下旋球

右侧下旋球速度较慢，但依旧会向对手的右侧拐弯。右侧下旋球在挥拍、击球与顺挥环节与右侧上旋球有所不同，而二者的站位与引拍是基本相同的。

拓展知识

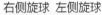

右侧旋球 左侧旋球

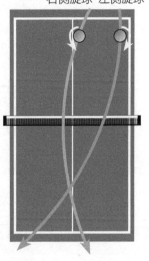

站在左半台位置，双脚分开，右脚在前。屈膝，上身前倾。左手将球上抛，同时身体向左转，重心移至左脚。右侧肘关节向内折叠并略向上提，带动右臂向左上方引拍至左肩前方。

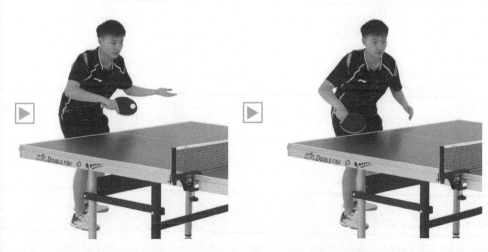

在球从最高点落至稍高于球网或与球网同高的位置时，回身，重心向右脚移动，同时向右前下方加速挥动前臂，手腕内旋，使拍面后仰，用球拍的下半部分击球的中下部。击球瞬间，手腕、食指与拇指要向右前下方发力，加强下旋。击球后，继续向右下方挥拍，然后迅速还原成起始姿势。

横拍反手发上旋球

上旋球速度较快，在过网后会有明显的下坠趋势，在球员展开进攻时经常被使用，也能帮助球员更好地进行抢攻。此外，反手发上旋球的姿势与发侧旋球基本相同，可以有效迷惑对手。

站在左半台靠左侧的位置，双脚分开，其中右脚稍靠前。屈膝，上身前倾，右手以横拍方式握拍，左手掌心托球置于身体左前方。

左手将球上抛，同时腰部与肩膀向左旋转，重心随之移至左脚，右侧的肘关节向内折叠，带动右臂向左后方引拍至身体左侧。

在球从最高点落至稍高于球网或与球网同高的位置时，身体向右转回，重心随之右移，以肘关节为支点，前臂向右前方发力，在身前击球。击球时，拍面后仰，迅速向上提拉球拍，使球拍拍头朝下，以充分摩擦球的后部，加强上旋。击球后顺势挥拍，然后迅速还原成起始姿势。

横拍反手发下旋球

下旋球速度较慢，但飞行弧线比较怪异，不易判断。此外，反手发下旋球的姿势与反手发不转球十分相似，在比赛中可以有效迷惑对手，有助于后续展开进攻。

站在左半台靠左侧的位置，双脚分开，其中右脚在前。屈膝，上身前倾，右手以横拍方式握拍，左手掌心托球置于身体前方。

左手将球上抛，同时身体向左转，重心随之移至左脚，右侧肘关节向内折叠，向左后上方引拍至左肩前方，手腕放松。

在球从最高点落至稍高于球网或与球网同高的位置时，身体向右转回，重心随之右移，同时以肘关节为支点，右侧前臂向右前下方发力，控制球拍向斜下方削去。击球时，拍面后仰幅度较大，使拍头指向身体左侧，用球拍的下半部分削球的中下部，同时手腕与手指加大向前下方发力的力度，加强下旋。击球后，顺势向右下方挥拍，然后迅速还原成起始姿势。

横拍正手高抛发球

高抛发球时，因为抛球较高，所以发的球速度快、冲力大、旋转变化多。球员如果想要让自己的高抛发球保持较高质量，那一定要精确掌握击球时间，避免漏球情况的发生。

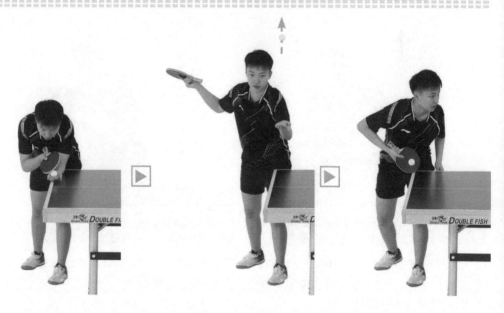

侧身站在球台左角外侧，左脚在前。上身前倾，含胸收腹，右手以横拍方式握拍，左手掌心托球置于身体前侧。

左手垂直向上高抛乒乓球，同时身体向右转，重心随之移至右脚，右侧上臂抬起，肘关节自然伸展，向后引拍至右肩的后上方。

在球落至与球网同高的位置时，回身，重心随之左移，同时以肘关节为支点，右侧前臂向前摆动，在近腰处击球。击球后顺势向前挥拍。然后迅速还原成起始姿势。

动作要领

抛球时，手腕应自然发力，不要使手腕外翻，要保证抛出的球垂直、平稳地到达足够的高度。此外，高抛发球的击球点至关重要，在与球网同高的腰侧前方击球最好，击球时拍头应指向身体的前下方。

拓展知识

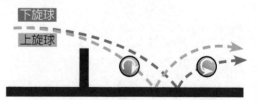

下旋球

上旋球

横轴是通过球心且与球台端线平行的轴。绕横轴沿飞行方向向前旋转的球为上旋球，反之，绕横轴沿飞行方向向后旋转的球为下旋球。

横拍正手发不转球

不转球并不是指发出的球完全不旋转，其还是带有轻微下旋的，并会在落到球台后停止旋转。不转球与下旋球的发球动作十分相近，只是球拍的击球部位不同，这在比赛中能很好地迷惑对手。

站在球台左角外侧，左脚在前。屈膝，上身前倾，含胸收腹，右手以横拍方式握拍，左手掌心托球置于身体前侧。

左手将球上抛，同时身体向右转，重心随之右移，带动右臂向后引拍至身体的斜后方，同时手腕放松并略微外旋，使拍面后仰。

在球从最高点落至稍高于球网或与网同高的位置时，身体回转，以肘关节为支点，右侧前臂向左前方摆动，在胸前击球。击球时，拍面后仰，用球拍的上半部分击球的中部，然后将球向前推出，注意要尽量减少向下摩擦的力，以形成不转球。击球后，顺势向前推送球，然后迅速还原成起始姿势。

横拍反手发不转球

　　不管是正手还是反手，发不转球都是用拍面向前去碰撞球。在比赛中，球员击球后要做顺势向下削球的假动作，制造出发下旋球的假象。

站在左半台靠左侧的位置，双脚分开，其中右脚在前。屈膝，上身前倾，右手以横拍方式握拍，左手掌心托球置于身体前方。

左手将球上抛，同时身体向左转，重心随之移至左脚，右侧肘关节向内折叠，向左后上方引拍至左肩前方，并且手腕保持放松。

在球从最高点落至稍高于球网或与球网同高的位置时，身体回转，重心右移，同时以肘关节为支点，右侧前臂向右前下方摆动，挥拍击球。击球时，拍面垂直或稍后仰，用球拍的上半部分击球的中部，然后将其向前推出，尽量减少向下摩擦的力。击球后，顺势向前推送球，然后迅速还原成起始姿势。

横拍正手发逆向侧旋球

逆向侧旋球的旋转方向与侧旋球相反，所以可以让对手在接球时无法适应球的旋转，从而容易失误，有助于为自己创造机会球。

站在球台左角外侧，双脚分开，左脚在前。屈膝，上身前倾，含胸收腹，右手以横拍方式握拍，左手掌心托球置于身体前方。

左手将球上抛，同时身体向右转，重心随之右移，右臂抬起并向后引，使球拍移至身体的右侧，此时右侧上臂平行于地面，肘关节自然弯曲。

抬高右侧肩膀与上臂，肘关节弯曲，手腕放松，使拍头朝下。在球从最高点落至稍高于球网的位置时，迅速回身，上臂保持水平，手臂与手腕由内向外摆动，向右前方挥拍，并在接近胸部前方的位置击球。击球时拍面接近垂直，用球拍靠近内侧的位置摩擦乒乓球的外侧，使球逆向侧旋。击球后，球拍顺势向前逆时针画弧，然后迅速还原成起始姿势。

横拍正手发逆向侧下旋球

逆向侧下旋球是逆向侧旋球的变式，二者最大的区别是击球时球拍的角度。发逆向侧下旋球时球拍是后仰的，而发逆向侧旋球时球拍是垂直的。

站在球台左角外侧，双脚分开，左脚在前。屈膝，上身前倾，含胸收腹，右手以横拍方式握拍，左手掌心托球置于身体前方。

左手将球上抛，同时身体向右转，重心随之右移，右臂抬起并后引，使球拍移至身体的右侧，此时右侧上臂平行于地面，肘关节自然弯曲。

抬高右侧肩膀与上臂，肘关节向下弯曲，手腕内勾，使拍头指向自己。在球从最高点落至稍高于球网的位置时，迅速回身，上臂保持水平，前臂向右前方发力，手腕由内向外摆动伸展，并在接近胸部前方的位置击球。击球时，手腕外旋，使拍面后仰，用球拍靠近外侧的位置摩擦球的外侧，使球带上逆向侧下旋。击球后，顺势向斜前方挥拍。然后迅速还原成起始姿势。

横拍反手发逆向侧旋球

反手也可发逆向侧旋球，通过摩擦球的外侧使其带有逆向的侧旋。比赛中，球员通常会借助假动作让对手误以为自己发的是正向的侧旋球，从而导致对手回球失误。

站在左半台靠左侧的位置，双脚分开，与肩同宽，右脚在前。微屈膝，上身前倾，含胸收腹，右手以横拍方式握拍，左手掌心托球置于身体前方。

左手将球上抛，同时身体稍向左转，重心随之左移，右侧肘关节向内折叠并上提，向左上方引拍，直至球拍靠近左肩，并使拍头朝上。

在球从最高点落至稍高于球网的位置时，身体迅速往回转，小幅度向右前下方挥动前臂，主要利用手腕的力量向下削球，摩擦球的外侧，使球逆时针旋转。击球后球拍小幅度向前顺时针画弧，然后迅速还原成起始姿势。

横拍正手攻球

3.2 击球

正手攻球具有站位近、动作小、球速快等特点，可以利用来球的反弹力进行回击，且可以灵活控制落点，是快攻打法中非常基础且重要的一项技术。

击球前，根据来球移动到近台位置，左脚在前，微屈膝，上身前倾。之后，左脚蹬地，身体向右转，重心随之右移。右臂向右后下方引拍至与腰部高度平齐，肘关节弯曲，使上臂与前臂间的夹角为100°~130°，前臂稍向内旋，使拍面前倾。注意，球拍的位置不能低于球台。

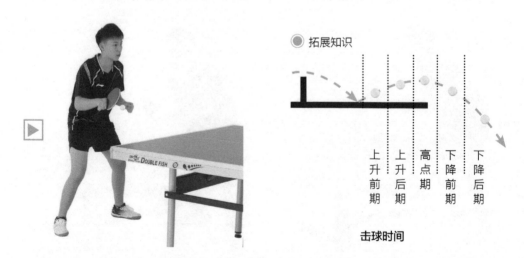

拓展知识

上升前期　上升后期　高点期　下降前期　下降后期

击球时间

在来球进入高点期时，右脚用力蹬地，腰部迅速回转，带动手臂前摆，在身体右前方击球的中上部。击球时，手腕保持相对固定，不要甩手腕，依靠前臂向左前上方发力挥拍。击球后，继续向左前上方挥拍至左眼前方，同时重心移至左脚，然后迅速还原成起始姿势。

横拍侧身攻球

与正手攻球相比，侧身攻球力量更大、球速更快，具有更强的攻击性。但过程中脚步移动的范围较大，这便要求球员具有较好的调整重心的能力。

中近台

站在中近台偏左的位置，当来球落点在左半台时，使用并步向左前方移动，身体向右转，在台角外侧充分侧身。同时，右臂向后引拍，肘关节自然弯曲，并观察来球。如果来球是下旋球，那拍面垂直，并引拍至低于球台的位置；如果来球是上旋球，则拍面前倾，并引拍至大概与球台同高的位置。

在来球进入高点期时，腰部向左转动，带动手臂向左前方摆动，重心随之移至左脚，利用腰部转动的力量挥拍击球。击球后，重心移至双脚之间，然后迅速还原成起始姿势。

横拍中近台反手攻球

反手攻球也是非常重要的进攻技术，其动作偏小，回球球速较快，但因为引拍与发力方向的限制，反手攻球的力量并不及正手攻球。

击球前，根据来球移动到中近台位置，即距离球台70厘米的位置，双脚平行开立，身体稍向前倾，膝盖自然弯曲。

收腹，身体向左转，重心随之左移，同时右肩下沉，右侧肘关节向内折叠并上提，手腕内勾，引拍至左腹前方，并使拍面前倾。

在来球进入高点期时，保持收腹状态，向右回身，带动右臂从身前向右前上方挥动，并以前臂发力为主，在身体前方击球。击球时，球拍稍向前倾。击球后，顺势向斜前上方挥拍，然后迅速还原成起始姿势。

正手拉球

正手拉球在击球时发力较为集中，所以回球球速较快。此外，使用该技术回的球路线灵活、稳健性好，经常用于回击发球、搓球、削球等下旋球。

动作要领

右臂向后引拍时，引拍位置不宜过低，也不得直接引拍至臀部后方，这样很难掌握准确的击球点与击球时间，且容易漏球。最佳引拍位置为大腿右侧附近，右臂自然弯曲即可，保证球员拥有足够的时间和距离来迎前击球。

站在近台位置，双脚分开，略比肩宽，左脚在前，屈膝，上身前倾，挺胸收腹。之后，腰部与髋部向右转动，把重心压在右腿上，同时右臂向后引拍至大腿右侧。此时，右侧上臂靠近身体，肘关节自然弯曲，右肩略微下沉，而左臂向内折叠置于身前。

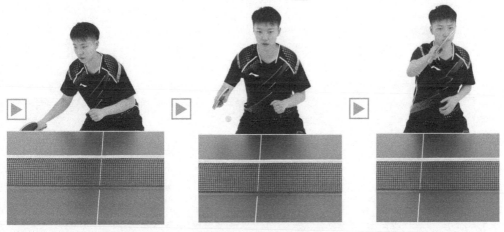

在来球进入高点期或下降前期时，右脚用力蹬地，腰部向左转动，重心随之左移，带动右臂向右前上方挥拍，在身体的右前方击球。挥拍时，右臂肘关节要自然展开；击球时，前臂迅速内收，击球的中部或中上部，并充分摩擦来球。击球后，顺势挥拍至头部左侧，身体重心移到左腿，然后迅速还原成起始姿势。

反手拉球

反手拉球由反手拨球发展而来，跟反手拨球比，其加大了动作幅度，增强了对球的摩擦。反手拉球的难度较高，过程中球员一般都会站在中近台的位置，方便击球。

💡 动作要领

反手拉球中，在挥拍时，腰部与腿部要协调发力，这样球员才能在击球时合理、充分地利用转腰与蹬地的力量，也能增强击球的稳定性。切忌直接增加手臂的发力，这样会降低回球质量，且容易失误。

站在中近台位置，双脚打开，略比肩宽，微屈膝，压低重心。之后，腰部与髋部向左转动，重心随之移至左脚，右臂从身前向左后下方引拍，让球拍移动到左腿前方。此时，右侧肘关节自然弯曲并上提，手腕向内压，向前顶起，使拍头指向左下方。

在来球进入高点期或下降前期时，左脚蹬地，腰部与髋部向右回转，以肘关节为支点向右前上方挥拍，在腹部前方击球。挥拍时，要充分利用蹬地与转腰的力量。击球时，前臂带动手腕外旋，使球拍拍面前倾，充分摩擦来球。击球后，继续向右前上方挥拍，然后迅速还原成起始姿势。

正手平挡

平挡也称挡球，动作简单，但力量小、球速慢、旋转弱，是常用的防守技术。平挡技术是其他挡推技术的基础，所以球员一定要将它熟练掌握，以增强球感。

动作要领

正手平挡要在身体的斜前方击球。击球时，拍面接近垂直，手臂保持放松，小幅度向前摆动，前臂与手腕略发力即可，主要利用来球的反弹力将球挡回。球员注意一定不要过度用力，以防回球出界导致丢分。

根据来球，移动到近台中间或偏左的位置，双脚开立，与肩同宽，左脚在前，膝盖微屈，上身前倾，含胸收腹。

向右转身，重心随之右移，右臂自然弯曲并内旋，引拍至身体的右前方，并使拍面接近垂直。在来球的上升初期回身，然后前臂向前发力，拍面垂直击球的中部，将球向前推去。击球后顺势向前挥拍，然后迅速还原成起始姿势。

55

反手平挡

　　和正手平挡一样，反手平挡也是常见的防守技术之一，球员在击球时手腕要放松，小幅度向前挥拍，以有效降低乒乓球的速度。

根据来球移动到近台中间或偏左的位置，双脚平行开立，与肩同宽，微屈膝，上身前倾。

身体略微左转，右侧前臂内折叠并外旋，使拍面前倾，向身体方向引拍。

在来球的上升后期，手臂小幅度向前挥动，在腹部前方击球。击球时，手腕放松，拍面前倾击球的中部，将球向前推去。击球后顺势向前挥拍，然后迅速还原成起始姿势。

横拍正手扣高球

扣高球具有极强的攻击性，其动作幅度大、回球速度快、力量大，在比赛中是非常有效的得分技术，一般在还击对方的半高球时使用。

根据来球移动到距离球台较远的位置，左脚在前。腰部与髋部向右转动，重心移至右脚，右臂抬起向右后上方引拍至头部的右后方，并使球拍拍头朝上。

在来球进入高点期时，右脚用力蹬地，向上跳起，同时腰部向左转动，带动整只手臂向前下方挥动，在头部的右前方击球的中上部。

动作要领

引拍时，右臂上举，向右后方充分引拍，同时前臂内旋；肘关节外展，使上臂与前臂之间的夹角大于100°，以适当增加球拍与来球之间的距离，增强扣球的力量。击球时，手腕下压，并充分利用转腰和蹬地的动作，最大限度地发挥手臂的力量。

击球后，继续向左前下方挥动手臂。左脚先着地，并把重心压在左脚上。

横拍正手冲球

冲球球速快、变化多、弧线低，在快攻中经常使用。其动作结构合理且灵活，可以帮助球员灵活应对不同性质的来球。

▌根据来球路线，移动到合适的位置，双脚平行打开，与肩同宽，微屈膝，上身前倾。

▌身体向右转，右肩略微下沉，重心移至右脚，右臂内旋，使拍面前倾，向右后下方引拍。

▌在来球进入高点期时，右脚蹬地，左脚和右脚依次向左前方跳起，同时腰部向左转动，带动右臂发力向前挥动，在身体的右前方击球。

▌击球后，前臂继续向左前方挥动，左脚先着地，并把重心压在左脚上，然后迅速还原成起始姿势。

横拍正手搓球

搓球技术一般用于在近台和台内位置回击短球和下旋球，其动作简洁、力量小、出手快、球路变化多，球弹起后多会落在台内。搓球不易让对手展开进攻，在比赛中经常作为过渡技术。

根据来球路线，移动到合适的近台位置，双脚平行打开，与肩同宽，微屈膝，上身前倾。

右腿向前上步，并将重心压在右腿上，同时右臂外旋，使拍面后仰，稍向右后上方引拍。

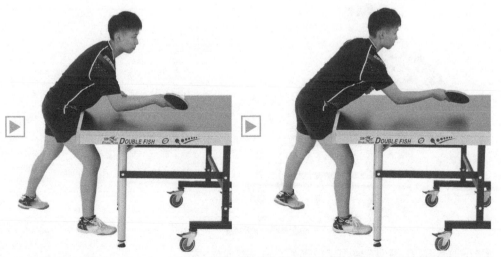

在球的上升后期，手臂前伸，向前下方挥拍，在身体的右前方击球。击球时，前臂与手腕适当发力，用球拍的下半部分摩擦球的中下部。击球后，顺势挥拍的幅度要较小，然后迅速还原成起始姿势。

横拍反手搓球

在比赛中，反手搓球一般用于回击下旋球，其动作幅度较小、出手较快、落点变化丰富、回球弧线低。

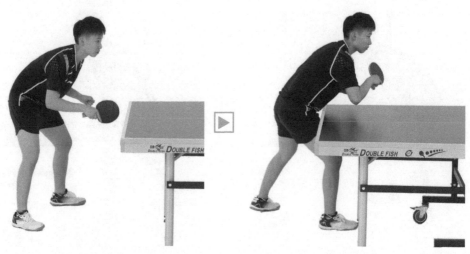

▶ 根据来球路线，移动到合适的近台位置，双脚平行打开，与肩同宽，微屈膝，上身前倾。

右腿向前上步，并将重心压在右腿上，同时右臂内旋，手腕放松，使拍面后仰，引拍至胸前。

动作要领

上步时，重心要随之转移，上身前倾，靠近来球。击球后，顺势挥拍的幅度要控制在较小的范围内，方便之后迅速还原。如果来球旋转较强，那拍面往后仰的幅度要大；如果来球旋转较弱，拍面稍向后仰即可。

▶ 在球的上升后期，手臂前伸，以肘关节为支点，前臂向右下方摆动，击球的中下部。击球时，手腕下压并向前下方发力，并且食指和拇指也要略微发力，使拍面后仰，球拍向前下方搓球。

横拍正手快带

快带动作小且快，回球弧线低、落点选择多，是一种被迫反攻的技术，可以帮助球员由被动防守转为主动进攻。

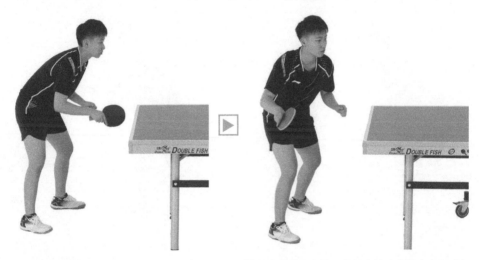

根据来球路线移动到合适的近台位置，双脚打开，略比肩宽。

身体微微向右转，以较小的动作幅度向右后方引拍，使球拍稍低于球台，同时右臂自然弯曲并内旋，使拍面稍前倾。

在来球上升期，腰部与髋部向左转动，带动左侧前臂向左前方发力挥拍，在身体的右前方击球。击球后前臂继续向左前上方发力，然后迅速还原成起始姿势。

动作要领

挥拍时，上臂向内靠近身体，主要依靠前臂的力量挥拍，在来球的上升期击球。击球时，拍面前倾，且手腕与拍形保持固定，击球的中上部。注意，击球点要靠前，并向前上方摩擦球。

横拍反手快带

反手快带是典型的防守技术。在实际比赛中，因为其击球时间较早，球员如果控制好回球路线，就可以带出大角度的直、斜线球，这也使反手快带回球具备了较强的威力。

根据来球路线，移动到近台的位置，双脚打开，略比肩宽，上身前倾。

微微向左转身，右臂从身前向左后方引拍至左腹前方，同时前臂外旋，使拍面接近水平。

在来球上升期，腰部与髋部向右转回，右侧前臂向右上方挥动，手腕保持相对固定，在胸前击球的中上部。击球时，拍面前倾，并向上摩擦球。

击球后，前臂继续向右上方挥动，然后迅速还原成起始姿势。

横拍反手侧拧

在比赛中，反手侧拧技术一般用于处理台内短球，球员通过侧拧技术可以利用来球的旋转，对乒乓球进行充分摩擦，以有效提高回球的上台率，因而反手侧拧是一项非常实用的进攻技术。

击球前，右脚向前迈步，伸入台内，重心移至右脚。之后，上身前倾，含胸收腹，肩膀向左转动，右侧上臂抬高，前臂向内折叠，肘关节向前顶出，引拍至右腹的前方，同时前臂与手腕充分旋转，使拍头指向身体。

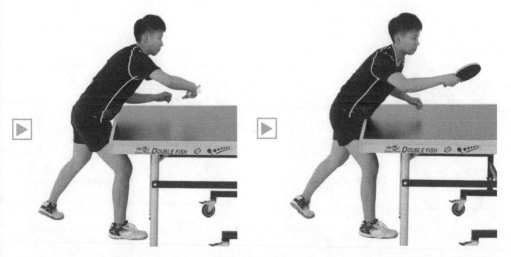

在来球上升后期，以肘关节为支点，右侧前臂带动手腕向前摆动，用拍头顺时针画弧，并在腹部前方击球。击球时，拍面前倾，摩擦球的中上部，使球带上强烈的旋转。击球后，继续向斜前方挥拍，然后右脚后撤，迅速还原成起始姿势。

横拍正手挑短球

挑打技术经常用于处理台内球，球员使用挑打技术在台内通过手腕的力量将球快速、准确地击到对方球台上。该技术动作快且幅度小、回球球速快，球员一般在接发球时使用该技术，从而积极地创造进攻的机会。

根据来球路线，使用单步或者跨步，手腕外旋，让拍面稍后仰，向右后方引拍。接着右脚伸入台下，身体向右前方靠近球台，重心随之移至右脚。之后，右臂向前伸去，肘关节自然伸展。

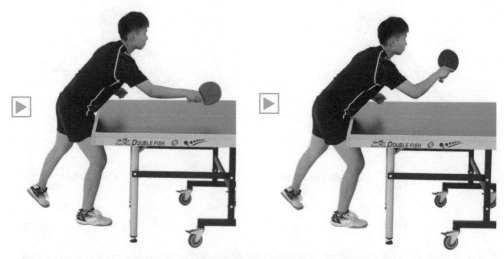

在来球进入高点时，身体前迎，并利用前迎动作加快挥拍速度，右臂向前下方伸去，挥拍击球（如果来球是上旋球则击球的中上部，下旋球则击球的中部或中下部）。击球时，手腕突然向前上方发力，完成挑打动作。击球后，继续向前上方挥拍，然后右脚蹬地后撤，迅速还原成起始姿势。

横拍台内反手挑短球

现在，很多球员都会在比赛中利用台内挑打技术抢得进攻先机，其既可以用来接下旋程度不高或弧线高的发球，也可以在摆短控制过程中发挥巨大作用。

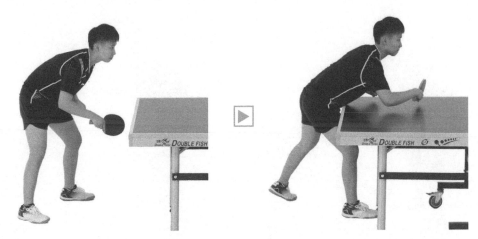

根据来球路线，左脚蹬地，右脚向前迈步伸入台下，让身体向右前方靠近球台，重心随之移至右脚。上身前倾，右臂向内弯曲，手腕略向内旋，使球拍基本与球台垂直，从身前小幅度向后引拍至左腹前方。

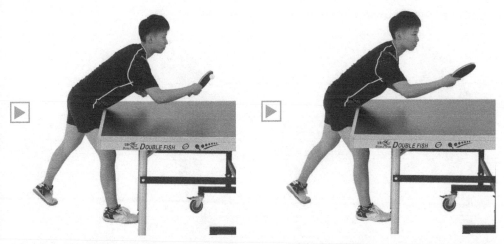

在来球进入高点期时，身体前迎，右侧手臂前伸，以肘关节为支点，前臂发力向右前上方摆动，在身前完成挑球。来球为下旋球时拍面后仰，击球的中下部；来球为上旋球时拍面前倾，击球的中上部。击球时以前臂发力为主，手腕相对固定。击球后，前臂带动手腕继续向右前上方挥拍，然后右脚后撤，迅速还原成起始姿势。

横拍反手拉上旋球

球员在回击上旋球时，要通过回撤球拍积蓄力量；击球时需要利用手腕的力量，摩擦乒乓球的斜上方，使乒乓球带有一定的旋转。

根据来球路线，移动到中台位置，双脚打开，略比肩宽，微屈膝，身体重心略微降低。

腰部向左转动，右肩下沉，右臂向内弯曲，向左下方引拍至腹部前方，手腕外旋，使拍面稍前倾。

在来球进入高点期时，双脚用力蹬地，让身体向前上方顶，同时腰部向右回转，右臂以肘关节为支点，快速向右前上方发力，在腹部前方击球。击球时，手腕外旋，扭动发力，使拍面前倾的角度增大，下压球拍，摩擦球的中上部，并让水平方向的摩擦较强。击球后，迅速还原成起始姿势。

横拍正手拉下旋球

正手拉下旋球适用于回击冲击力较强的出台下旋球，回球时球拍要向前倾斜并向斜下方发力，将其拉起并变成上旋球来回击对手。

▍根据来球移动到合适的位置，双脚打开，略比肩宽，微屈膝，降低身体重心。

▍腰部与髋部向右转动，重心移至右脚，右侧上臂靠近身侧，肘关节打开，向后引拍至右膝后方。

▍在来球下降前期，回身，重心随之左移，带动右侧手臂向左前上方发力，在身体右前方击球。挥拍时，前臂放松，使球拍在身体的右侧画弧线。击球时，拍面略微前倾，以充分摩擦来球。击球后顺势挥拍至头部左侧，身体重心由右腿移到左腿，然后迅速还原成起始姿势。

横拍反手拉下旋球

反手拉上旋球与反手拉下旋球的击球动作存在很大的差异。球员使用反手拉下旋球技术击球时球拍要向上挑，不然球容易下网。所以击球前一定要判断好来球的旋转方向，使用正确的技术，避免失误。

根据来球路线，移动到合适的位置，双脚打开，略比肩宽，微屈膝，略微降低身体重心。

压低身体重心，腰部与肩膀向左转动，重心左移，右臂从身前向左下方引拍至左腹前方，手腕内勾，使拍面前倾至接近水平，并使球拍低于球台。

在来球进入高点期时，腰部向右转回，左脚蹬地，重心右移，以右侧肘关节为支点，前臂带动手腕用力向右前上方摆动，同时手腕逐渐内旋，使拍面前倾，在身体的前方击球的中下部，且对球垂直方向的摩擦较多。击球后，顺势向斜上方挥拍，然后迅速还原成起始姿势。

横拍侧身拉下旋球

　　横拍侧身拉下旋球的动作较大，容易被对手预判，所以球员在击球时要灵活调整向前击打与摩擦球的比例及球拍倾斜的角度，用多变的落点干扰对手的判断。

　　根据来球路线，通过并步或跳步移动到球台左角外侧，侧身朝向球台，左脚靠前，微屈膝，降低身体重心。腰部与髋部向右转动，重心随之右移，右侧上臂靠近身体，肘关节打开，向后引拍至大腿后方。

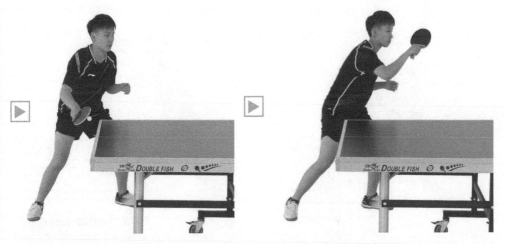

　　在来球下降前期，身体向左转，重心向左脚移动，右侧上臂发力带动前臂向左上方发力，在身体右前方击球。击球时，拍面略微前倾，以充分摩擦来球。击球后，顺势挥拍至头部左侧，身体重心放在左腿上，然后迅速还原成起始姿势。

横拍侧身拉上旋球

侧身拉上旋球往往在抢攻中使用，要求球员上步果断、准确，且掌握最佳的侧身时机，这样才能保证动作流畅、击球质量高。

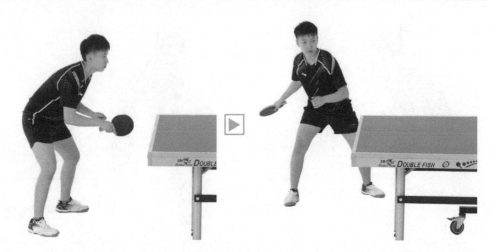

站在中台位置，微屈膝，上身前倾，认真观察来球，然后根据来球路线，通过并步或跳步移动到球台左角外侧，侧身朝向球台，左脚靠前。之后，腰部与髋部向右转动，重心随之移至右脚，右臂自然弯曲，向后引拍至大腿的右后方。

在来球上升前期，身体向左转，重心向左移动，右侧上臂发力带动前臂向左上方挥拍，在腰部右前方击球。击球时，拍面前倾的程度增加，以充分且有力地摩擦来球。击球后，顺势挥拍至头部左侧，身体重心移到左腿，然后迅速还原成起始姿势。

横拍正手拉加转弧圈球

加转弧圈球上旋强烈、飞行弧线位置高、落台后下滑速度快，是回击下旋球与削球的有效技术。球员可以利用弧圈球打乱对手的节奏，为自己创造机会。

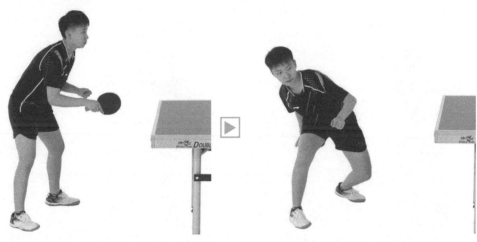

根据来球路线，移动到中台位置，双脚打开，略比肩宽，左脚在前。

身体向右转，右肩下沉，压低重心并将重心移至右腿，右臂自然伸直，向身体的右后方引拍至大腿后侧，同时手腕内旋，使拍面前倾。

在来球下降前期，右脚用力蹬地，身体向左转，重心随之左移，右侧上臂发力，带动前臂向左前上方挥拍，在身体的右前方用球拍的下半部分击球的中部或中上部。击球瞬间，立即内收前臂。击球后，继续向左前上方挥拍至额头的左前方，然后迅速还原成起始姿势。

横拍反手拉加转弧圈球

反手拉加转弧圈球时，腰部和手臂的发力十分重要。在挥拍时，腰部与手臂要有较强的爆发力，有鞭打发力的感觉。

根据来球路线，移动到中台位置，微屈膝，双脚平行，上身略向前倾。

腰部与肩膀向左转动，重心向左移动，右臂向内弯曲，从身前向左后下方引拍至大腿前侧，肘关节向前顶，手腕内勾，使球拍正面朝上。

在来球下降前期，双脚用力蹬地，收腹，身体向右转，同时右侧前臂以肘关节为支点向右前上方挥动。此时，肘关节应该保持相对稳定，手腕向外旋转，使得拍面前倾，并在身体的右前方击球的中部或中上部。击球后，继续向右前上方挥拍至头部右侧，然后迅速还原成起始姿势。

横拍正手前冲弧圈球

正手前冲弧圈球具有动作快，回球球速快、弧线低、上旋强、攻击性强等特点，能够将力量、速度、旋转等有效地结合在一起，球员借此可展开强有力的进攻。

根据来球路线，移动到近台位置，双脚分开，略比肩宽，其中左脚在前，微屈膝，上身前倾。

左脚蹬地，腰部向右转动，重心右移，右脚向右迈一小步，同时右肩下沉，右臂自然伸直，向身体右后方引拍。拍面前倾，球拍的位置不用太低，但要低于来球。

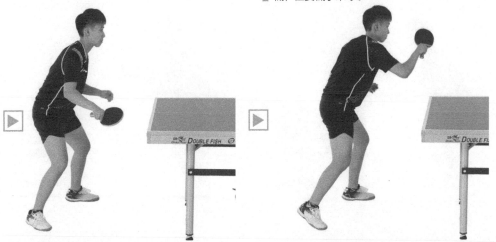

在来球进入高点期时，右脚蹬地，身体向左转动，重心随之左移，左脚向左跨步右侧上臂发力带动前臂加速向左前上方挥拍，在身体右前方击球。击球时，拍面前倾，前臂迅速向内弯曲，充分摩擦来球的中上部。击球后，顺势挥拍至头部左侧，将重心压在左腿上，然后左脚蹬地，让重心回到双脚中间，迅速还原成起始姿势。

横拍反手前冲弧圈球

由于受身体结构限制，反手前冲弧圈球的力量要小于正手前冲弧圈球，但其动作幅度小、速度快，是乒乓球比赛中主要的相持得分技术。

根据来球路线，移动到中台位置，双脚打开，略比肩宽，微屈膝，双脚平行，上身前倾。

腹部收紧，身体向左转，重心随之左移，右肩下沉，右臂向内弯曲，肘关节向前顶，从身前向左下方引拍至下腹部左前方，手腕内勾，使球拍正面朝上。

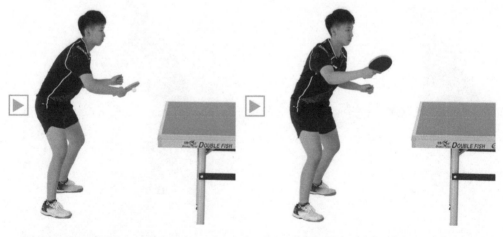

在来球进入高点期时，双脚用力蹬地，身体向右转回，充分利用蹬腿与转腰的力量，向右前上方挥拍，在身体前方击球的中上部。击球时，拍面前倾，右侧前臂以向前发力为主，略微向上发力即可。击球后，继续向右前上方挥拍至头部右侧，重心移至右腿，然后迅速还原成起始姿势。

横拍正手反拉弧圈球

正手反拉弧圈球具有回球速度快、旋转强、攻击性强等特点，经常用于回击加转弧圈球，能帮助球员顺利完成攻防转换。但该技术难度较高，球员在实际应用前一定要多加练习。

▌根据来球路线，移动到中远台位置，双脚分开，略比肩宽，其中左脚在前，微屈膝。

▌腰部向右转动，重心随之右移，右臂适当抬高，肘关节自然弯曲，向身体的右后方引拍。

▌在来球上升后期，回身，充分利用转腰的力量，右侧上臂带动前臂向左前上方挥拍，在身体右侧击球的中上部。击球时，前臂与手腕保持相对不动，拍面以固定的前倾角度击球，以充分摩擦来球。击球后，顺势挥拍至头部左侧，身体重心移至左脚，然后迅速还原成起始姿势。

横拍反手反拉弧圈球

反手反拉弧圈球技术较难，在比赛中运用得较少，一般在退台后才会使用，用来回击对手的加转弧圈球。

根据来球路线，移动到中远台位置，双脚打开，略比肩宽，微屈膝。

身体向左转，重心随之向左移动，右臂从身前向左下方引拍至球拍移至腹部左前方，并使球拍高于台面，手腕向前顶，使球拍前倾。

在来球上升后期，左脚蹬地，向右回身，并使身体向上顶，以右侧肘关节为支点让前臂向右前上方挥动，且手腕与前臂以相对固定的状态迅速向外摆，在胸前击球的中上部，并充分摩擦球。击球后，继续向右前上方挥拍至身体右侧，重心移至右腿，然后迅速还原成起始姿势。

第 4 章

直拍技术

直拍具有入门容易、出手快的特点，可以较好地处理台内球及追身球，但其护台面积有限，反手也不易发力。现在依旧有部分球员选择直拍握法，所以我们一定要了解它的技术特点，以应对不同类型的对手。

直拍正手平击发球

　　直拍正手平击发球技术的特点及动作要领与横拍的基本相同，使用该技术发出的球速度较慢、力度较小，是最基础的入门技术。

站在近台位置，双脚分开，略比肩宽，其中左脚在前。微屈膝，上身略微前倾，右手以直拍方式握拍，左手持球于掌心，置于身前。

左手将球上抛，同时身体向右转，重心随之右移，右臂自然弯曲，向后引拍至身体右后方，前臂内旋，使拍面前倾。

在球从最高点落至稍高于球网的位置时，迅速回身，重心随之左移，同时向左前上方挥拍，击球的中上部。击球时，要有一个略微向前下方压球的动作。击球后，手臂继续向左前上方挥动，然后迅速还原成起始姿势。

直拍反手平击发球

直拍反手平击发球时，握拍要稍微浅一些、松一些，用食指和中指把球拍扣住即可，并且手腕要保持放松，以便调整拍形。

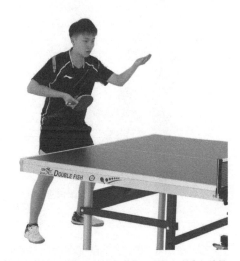

站在近台偏右的位置，双脚平行开立，略比肩宽。微屈膝，含胸收腹，右手以直拍方式握拍，左手持球于掌心，置于身前左侧。

左手将球上抛，身体略微向左转，同时右臂从身前向左后方引拍至左腹前方，拍头指向左侧，且手腕外旋，使拍面略前倾。

在球从最高点落至稍高于球网的位置时，右臂向右前方发力，在身前击球的中上部。击球后，顺势向右前上方挥拍，然后迅速还原成起始姿势。

直拍正手发奔球

奔球速度快、突击性强。在比赛中，球员可以采用奔球来偷袭对手的正手位，有效牵制他们侧身强攻的战术。

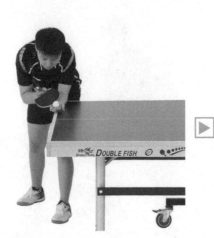

站在球台左角外侧，并尽量靠近球台，上身前倾，右手以直拍方式握拍，左手掌心托球，置于身体前侧。

左手将球上抛，同时身体向右转，重心随之右移，右臂上抬，肘关节自然弯曲，向身体右后方引拍，手腕外旋，使拍头指向斜后方。

在球下落至与球网同高时，身体向左转，右侧上臂架起，以肘关节为支点，前臂向左前下方摆动，球拍近乎垂直，拍头朝下，在腰部附近击球的中部。

击球后手臂继续前挥，身体重心最终压在左脚上，之后迅速还原成起始姿势。注意，应尽快制动，缩短顺势挥拍距离。

直拍反手发奔球

　　反手奔球速度快，球着台后反弹弧线偏低，飞行弧线向对手的左侧偏斜，且具有较强的左侧上旋。

靠近球台，右脚在前。微屈膝，上身前倾，右手以直拍方式握拍，左手托球，置于身体左前侧。

左手将球上抛，同时腰部向左转，重心右移，右臂从身前向左下方引拍至左腹前方，手腕放松，使拍面垂直于地面，拍头指向左侧。

在球下落至与球网同高时，身体向右转回，带动右臂向右前上方加速挥拍。击球时，击球点要比较低，拍面前倾，充分利用手腕的弹击力量。

击球后手臂继续前挥，身体重心最终压在右脚上，之后迅速还原成起始姿势。注意，应尽快制动，缩短顺势挥拍距离。

直拍正手发左侧上旋球

在比赛中，侧上旋球可以与奔球混合使用，形成速度上的变化，以有效牵制对手，为自己创造进攻机会。

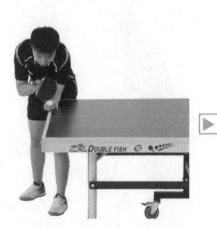

站在球台左角外侧，身体侧向球台，左脚在前。上身前倾，右手以直拍方式握拍，左手掌心托球置于身体前侧。

左手将球上抛，同时身体向右转，重心随之向右移动。右臂抬起并向右后方引拍，手腕放松，使球拍正面朝上。

在球落至稍高于球网或与球网同高的位置时，腿与腰部发力，身体向左转回，右侧上臂抬至水平，以肘关节为支点，前臂向左前下方加速挥动，在身前击球的中部。击球时，拍面垂直，球拍横向挥动，以充分摩擦乒乓球。击球后，可再做一个手腕外展的假动作，以迷惑对手，之后顺势向前挥拍，并迅速还原成起始姿势。

直拍正手发左侧下旋球

比赛中，球员会将正手发左侧上旋球与正手发左侧下旋球配合使用，以便用相似的手法，发出旋转反差较大的侧上、侧下旋球来迷惑对手，为自己的第三板创造机会。

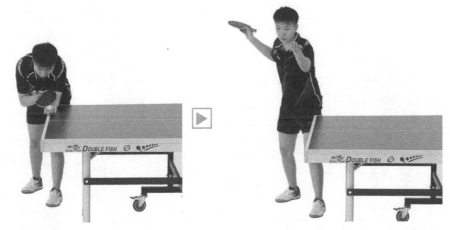

站在球台左角外侧，双脚分开，与肩同宽，其中左脚在前。上身前倾，右手以直拍方式握拍，左手掌心托球置于身体右前侧。

左手将球上抛，同时身体向右转，重心随之向右移动。右臂抬起并向右后方引拍，手腕放松，使球拍正面朝上，拍头指向斜上方。

在球落至稍高于球网或与球网同高的位置时，回身，右侧上臂抬高，以肘关节为支点，向左前下方加速挥动前臂，在腹部前方击球。击球时，拍面稍后仰，用球拍的下半部分摩擦球的中下部，同时手指和手腕发力向内抖动。击球后，顺势向下挥拍，然后迅速还原成起始姿势。

直拍反手发右侧上旋球

直拍反手发侧上旋球时，球员要充分利用转腰的力量，不然无法充分发力，也无法充分摩擦乒乓球，这会使得发球质量不高。

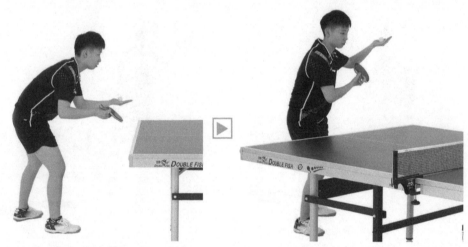

站在左半台靠左侧的位置，双脚分开，右脚在前。微屈膝，身体前倾，含胸收腹，右手以直拍方式握拍，左手掌心托球置于身体前方。

左手将球上抛，同时身体向左转，重心随之移至左脚，右侧肘关节向内折叠，带动右臂向左上方引拍至左胸前方，手腕稍向内旋，使拍面后仰。

在球从最高点落至稍高于球网或与球网同高的位置时，回身，充分利用转腰的力量，向右前方加速挥动右侧前臂，挥拍击球。击球时，要用球拍的上半部分击球的中部，同时向右上方抖动手腕，以充分摩擦球。击球后，顺势向右上方挥拍，然后迅速还原成起始姿势。

直拍反手发右侧下旋球

比赛中，球员会将正手发右侧上旋球与正手发右侧下旋球配合使用，以便用相似的手法，发出旋转反差较大的侧上、侧下旋球来迷惑对手，为自己的第三板创造机会。

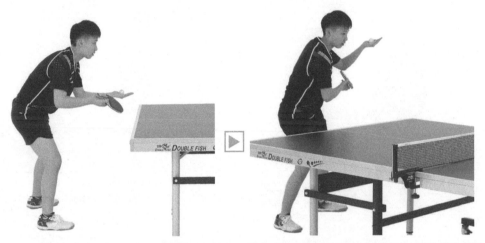

站在左半台靠左侧，双脚分开，右脚在前。微屈膝，上身前倾，含胸收腹，右手以直拍方式握拍，左手掌心托球置于身体前方。

左手将球上抛，同时身体向左转，重心随之移至左脚，右侧肘关节向内折叠，带动右臂向左引拍至左胸前方，手腕稍向内旋，使拍面后仰。

在球从最高点落至稍高于球网或与球网同高的位置时，回身，重心向右脚移动，带动前臂向右前下方加速挥动，使拍面后仰，用球拍的下半部分击球的中下部。击球瞬间，手腕、食指与拇指要向右前方发力，以加强下旋。击球后，继续向右上方挥拍，然后迅速还原成起始姿势。

直拍正手发左侧旋球

以垂直穿过乒乓球中心的竖线为轴，顺时针旋转的球是左侧旋球。左侧旋球到对方球台后会向对手的左侧拐弯。

站在球台左角外侧，双脚分开，与肩同宽，身前倾，右手以直拍方式握拍，左手掌心托球置于身体前侧。

左手将球上抛，同时身体向右转，重心随之向右移动。右臂抬起并自然弯曲，向右后上方引拍，手腕外旋，使拍面后仰。

在球落至胸前时，回身，右侧上臂架起，以肘关节为支点，向左前下方加速挥动前臂，挥拍击球。击球时，拍面后仰，拍头指向左前下方，击球中部偏右侧，手腕向侧前方用力并向内微勾，让球拍由右向左摩擦球。击球后，顺势挥拍，然后迅速还原成起始姿势。

直拍正手发右侧旋球

以垂直穿过乒乓球中心的竖线为轴，逆时针旋转的球是右侧旋球。右侧旋球到对方球台后会向对手的右侧拐弯。与左侧旋球相比，右侧旋球的速度会更快一些。

站在球台左角外侧，双脚分开，与肩同宽，上身前倾，右手以直拍方式握拍，左手掌心托球置于身体前侧。

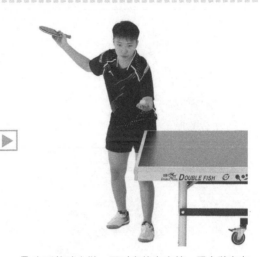

左手将球上抛，同时身体向右转，重心随之向右移动。右臂抬起并自然弯曲，向右后上方引拍，手腕外旋，使拍面后仰。

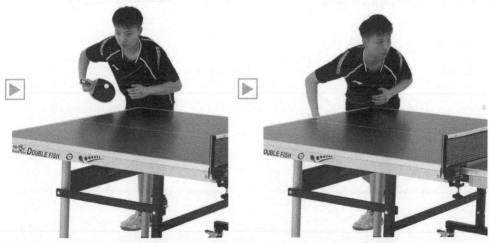

在球落至胸前时，回身，右侧上臂架起，以肘关节为支点，向左前下方加速挥动前臂，挥拍击球。击球时，拍面垂直，拍头指向身体，击球中部偏左侧，手腕由内向外抖动，让球拍由左向右摩擦球。击球后，顺势挥拍，然后迅速还原成起始姿势。

直拍推接球

4.2 击球

推接球是非常基本的直拍技术，其站位近、动作小，回球时球的速度、旋转、落点、节奏、力量等方面都可以灵活变化，能积极为球员创造进攻机会。

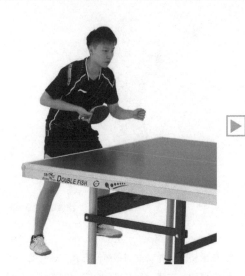

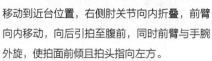

移动到近台位置，右侧肘关节向内折叠，前臂向内移动，向后引拍至腹前，同时前臂与手腕外旋，使拍面前倾且拍头指向左方。

右侧前臂向来球方向迎球前伸，在来球处在上升期时，前推击球。击球时，拇指要放松，食指压拍，以保持拍面前倾，击球的中上部。

● 错误动作

引拍时肩膀要放松，不得耸肩。

前伸时，手臂无须完全伸直。

直拍拉接球

直拍拉接球一般是用来回击长球的。在比赛中，它在力量和旋转方面都不如冲接，所以一般用于过渡。

根据来球路线，移动到中台位置，双脚分开，略比肩宽，其中左脚在前，微屈膝，含胸收腹。

腰部与髋部向右转动，重心随之右移，右肩下沉，右臂靠近身体，自然伸展，向右后引拍至大腿右侧。

在来球的高点期或下降前期，右脚用力蹬地，腰部向左转回，重心随之左移，带动右臂向左前上方挥拍，在身体的右前方击球的中部或中上部。击球时，前臂迅速内收。击球后，顺势挥拍至头部左侧，然后迅速还原成起始姿势。

直拍反手拨球

　　反手拨球站台近、动作小、球速快，在比赛中经常与推挡结合，能有效扰乱对手的击球节奏。反手拨球的回球力量比挡球大，是反手位进攻的主要得分技术之一。

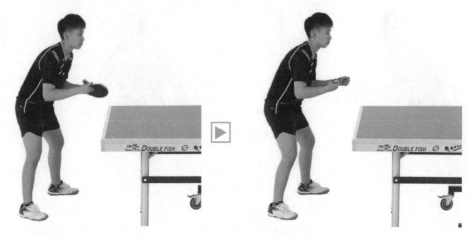

| 根据来球路线，移动到近台位置，两脚平行开立，微屈膝，上身前倾。

| 右肩略微下沉，右臂自然弯曲，肘关节略向前顶，向左后上方引拍至腹前，手腕内收并外旋，使拍面前倾。

| 在来球的上升后期，右侧前臂外旋并向右前上方加速挥拍，击球的中上部。击球时，拍面前倾，借球反弹的力量将来球向右前方拨回。

动作要领

　　击球时，手腕相对固定，不要通过甩手腕来发力，这会导致回球不稳、难以控制。此外，拍面要稍向前倾，右侧前臂向右前上方发力挥拍，击球瞬间要以撞击为主，摩擦为辅，借来球反弹的力量将球拨回。

直拍正手攻球

在比赛中，攻球技术是主动的进攻性技术，是球员主要的得分手段之一。其回球时主要以撞击为主，球速较快。

根据来球路线，移动到近台位置，双脚分开，左脚在前，微屈膝，上身前倾。

身体向右转，重心随之右移，右肩略微下沉，右臂向右后下方引拍至腰部附近，前臂稍向内旋使拍面前倾。

动作要领

引拍时，动作不宜过大，球拍不得低于球台，腰部要充分进行转动。此外，右手的拇指应稍用力压拍，中指顶住球拍。击球时，拍面前倾至半横状，手腕保持相对固定，不要甩手腕，依靠前臂向左前上方发力挥拍。

在来球进入高点期时，右脚蹬地，腰部回转，带动右臂向左前上方挥拍，在身体右前方击球的中上部。击球后，顺势挥拍至左眼前方，重心移至左脚，然后迅速还原成起始姿势。

直拍侧身攻球

在比赛中，球员使用侧身攻球可以发挥出整个身体的力量，以弥补自己反手进攻能力的不足，往往能使对方难以判断攻球的路线。

站在中远台偏左的位置，当来球落点在左半台时，向左前方移动，并且身体向右转，在台角外侧充分侧身。同时，右臂向后引拍，肘关节自然弯曲，并观察来球。如果来球是下旋球，那拍面垂直，并引拍至低于球台的位置；如果来球是上旋球，则拍面前倾，并引拍至大概与球台同高的位置。

在来球进入高点期时，腰部向左转回，带动右臂向左前方摆动，重心随之移至左脚，利用腰部转动的力量挥拍击球。击球后，重心移至双脚之间，迅速还原成起始姿势。

直拍正手扣高球

在比赛中，扣高球技术一般用于回击高球与半高球，回球力量大、球速快，具有很强的攻击性，如果对手防守能力较弱很容易直接得分。

根据来球路线，移动到合适的位置，左脚在前。腰部与髋部向右转动，重心右移，右臂抬起向后上方引拍至头部的右后方，并使球拍拍头朝上。

在来球进入高点期时，右脚蹬地，向上跳起，同时向左转腰，带动整个右臂向左前下方挥动，在头部的右前方击球的中上部。击球时，手腕下压。

动作要领

扣高球前，一定要进行预判，根据对手击球的板型与动作判断来球的旋转，以移动到正确的位置回球。同时，还要判断好来球的高度，以充分利用引拍，并避免漏球等失误。此外，要控制回球的落点。比赛中，一般都会将球扣至对手的反手位，让其没有反拉的机会。

击球后，继续向左下方挥动手臂。左脚先着地，把重心压在左脚上，并保持身体平衡，然后迅速还原成起始姿势。

直拍正手冲球

　　冲球与拉球的动作相近，但冲球的力量更大、旋转更强，所以比赛中球员在进攻时常使用冲球。

根据来球路线，移动到合适的中近台位置，双脚平行打开，与肩同宽，微屈膝。

腰部与髋部向右转，重心向右移动，右肩略微下沉，右臂自然伸展并向后下方引拍至身体的斜后方，同时向内旋转，使拍面前倾。

在来球进入高点期时，右脚蹬地，向左斜前方跳起，同时腰部向左转动，带动右臂发力向前挥动，在身体的右前方击球。

击球后，顺势挥拍，同时左脚先着地，把重心放在左脚上，保持身体平衡，然后迅速还原成起始姿势。

直拍台内正手挑短球

台内正手挑短球技术是台内进攻技术，其动作小、突然性强，使用该技术击出的球落点变化灵活。在比赛中，台内正手挑短球的威力往往比正手劈长和正手摆短大，球员如果运用得当，甚至可以直接得分。

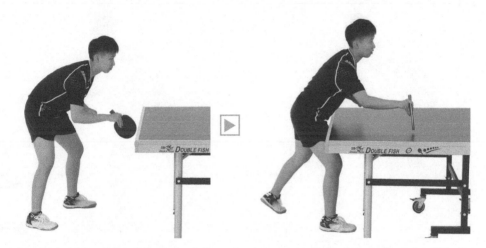

根据来球路线，左脚蹬地，右脚向前迈步伸入台下，让身体向右前方靠近球台，重心随之移至右脚。上身前倾，右臂向内弯曲，手腕向外压，使拍面接近垂直，拍头指向右侧，从身前小幅度向后引拍。

在来球进入高点期时，身体前迎，手臂前伸，以肘关节为支点，右侧前臂发力向左前上方摆动，在身前完成挑球。来球为下旋球时拍面后仰，击球的中下部；来球为上旋球时拍面前倾，击球的中上部。击球时，以前臂发力为主，手腕相对固定。击球后，继续向左前上方挥拍，然后右脚后撤，迅速还原成起始姿势。

直拍反手侧拧

反手侧拧技术稳定性好、对球的摩擦充分，有利于克服来球的旋转，能让球员在前三板的对抗中占据主动。

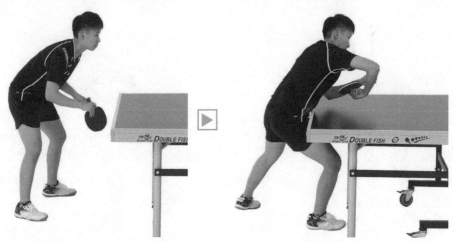

击球前，右脚向前迈步，伸入台下，身体重心移至右脚。之后，上身前倾，含胸收腹，右肩稍向前顶出，右侧上臂抬高，前臂向内折叠，肘关节向前顶出，引拍至右腹的前方，引拍路径呈半圆形。同时手腕充分内收，使拍头指向右腹位置，球拍靠近球台。

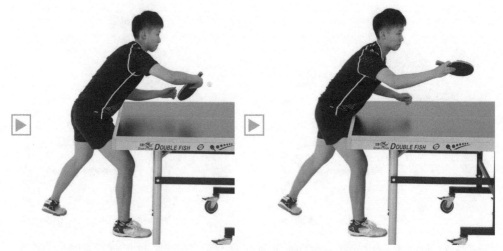

在来球的上升后期，以肘关节为轴，右侧前臂带动手腕加速向外挥动并外旋，球拍向前上方呈半弧形挥动，并在腹部前方击球。击球时，拍面前倾，依靠手腕发力摩擦球的中上部。击球后，随势挥拍动作不宜过大，顺挥至拍头对着前方即可，然后迅速还原成起始姿势。

直拍横打挑短球

　　直拍横打挑短球技术弥补了传统直拍技术反手位进攻能力不足的缺陷，其需要充分利用手腕的力量，是直拍球员必须熟练掌握的技术。

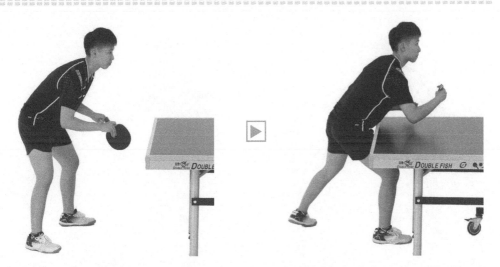

　　根据来球路线，左脚蹬地，右脚向前迈步伸入台下，让身体向右前方靠近球台，重心随之移至右脚。上身前倾，右侧前臂向内弯曲，手腕外旋，使拍面接近垂直，拍头指向左下方，从身前小幅度向后引拍。

技术解说

　　相比于普通的直拍握法，使用直拍横打时，持拍手的拇指要往里握得深一些，并适度用力压拍，而食指则要略微上移至球拍边缘处，稍微放松，使球拍背面前倾。握拍时，手指不要太过紧绷，以免影响拍形的调节。背后的中指、无名指和小指应该略微伸开些，这样有利于发力和稳定拍形。

　　在来球上升前期，右臂前伸，手腕外旋，使球拍向前上方挥动，使拍头沿顺时针画弧，拍面逐渐后仰，并在胸前击球的中上部。击球后，顺势挥拍，并让挥拍距离尽可能小，然后右脚蹬地后撤，使身体重心回到双脚中间，迅速还原成起始姿势。

直拍正手快带

正手快带是我国直拍快攻型打法的球员为对付弧圈球创造的攻球技术，其出手快，使用该技术击出的球弧线低、落点变化多，可以降低对方的回球质量，以便从相持或被动中转变为主动。

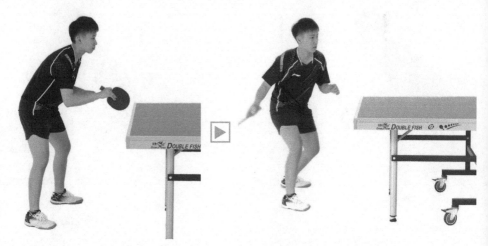

| 根据来球路线移动到合适的近台位置，双脚打开，略比肩宽。

| 身体微微向右转，右臂自然弯曲，以较小的幅度向右后方引拍，使球拍稍低于球台，手腕内旋，使拍面略微前倾。

动作要领

由于在中近台的来球速度较快，所以使用快带技术时要充分借助来球的速度和旋转，在来球的上升期将球反拉回去。正手快带与正手攻球的动作相近，但其引拍及挥拍时不用主动转腰，击球时前臂迅速向前上方收，同时身体重心压低，借力发力，回球质量较高。

| 在来球上升后期，身体迅速向左转动，右侧前臂向前上方发力，在身体的右前方击球，并摩擦球的中上部。击球后顺势挥拍至右眼前方，然后迅速还原成起始姿势。

直拍反手快带

快带技术具有动作较小、速度较快的特点，在比赛中一般用于回击反手位的下旋长球或下旋长球。

| 根据来球路线，移动到近台的位置，双脚打开，略比肩宽，上身前倾。 | 屈膝，右肩略微向前顶，右臂从身前向左后方引拍至腹前，同时前臂外旋，使拍面前倾，手腕略微内勾，使拍头指向左下方。 |

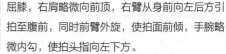

动作要领

因为来球速度较快，所以引拍的幅度要适中，幅度过大容易导致回球时有被顶住的感觉，幅度过小会因摩擦不够使得回球下网。在引拍时，将球拍移至左腹前方即可，手腕微屈，拍面前倾。击球时，手腕保持相对固定，拍面前倾并向上摩擦球。

在来球的上升期，双脚蹬地，身体向上顶，右侧前臂向右上方挥动，在胸前击球的中上部。击球后，顺势挥拍，然后迅速还原成起始姿势。

直拍横打拉上旋球

在比赛中，拉上旋球一般用于回击上旋球，回球后，球在对手球台弹起后会突然加速或改变运动方向，非常具有进攻性。

根据来球路线，移动到中远台位置，双脚打开，略比肩宽，膝盖微屈，重心放在前脚掌。

腰部向左转动，右肩下沉，右侧前臂向内弯曲，向左下方引拍至腹部前方，手腕内勾，使拍头指向左后下方，拍面略微前倾。

在来球进入高点期时，双脚用力蹬地，让身体向前上方顶，同时腰部向右回转，以肘关节为支点，右侧前臂快速向右前上方挥动，带动手腕外展，在胸前击球。击球时，手腕外旋，扭动发力，使拍面前倾的幅度增大，下压球拍，摩擦球的中上部，并让水平方向的摩擦较强。击球后，迅速还原成起始姿势。

直拍横打拉下旋球

跟拉上旋球相比，拉下旋球时身体的起伏更大，击球时拍面前倾的幅度更小。在比赛中，拉下旋球一般用于将下旋球拉起成上旋球回击。

根据来球路线，移动到适合的近台位置，双脚打开，略比肩宽，膝盖微屈，略微降低身体重心。

继续压低身体重心，腰部与肩膀向左转动，重心左移，右臂从身前向左下方引拍至大腿前方，使球拍低于球台，手腕内勾，拍头指向后方，拍面接近水平。

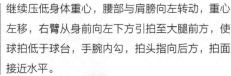

在来球进入高点期时，腰部向右回转，左脚蹬地，重心右移，以肘关节为支点，右侧前臂向右前上方摆动，带动手腕外展，使球拍向前上方呈弧形挥动，在胸前摩擦球的中上部，并让垂直方向的摩擦较强。击球后，顺势向右斜上方挥拍，然后迅速还原成起始姿势。

直拍正手拉下旋球

在比赛中，直拍正手拉下旋球一般用于回击出台的下旋球。球员在引拍阶段必须保持放松，在击球的瞬间突然收紧发力，加速摩擦球，保证发力的集中。

根据来球路线，移动到合适的近台位置，双脚打开，与肩同宽，屈膝，降低身体重心。

腰部与髋部向右转动，重心移至右脚，右肩略微下沉，右侧上臂靠近身侧，前臂自然伸展，向右后方引拍至右膝后方。

在来球下降前期，回身，重心随之左移，带动右臂向左前上方发力，在身体的右前方击球。挥拍时，用腰部带动上臂转动把力量传递到前臂，拍面前倾，在身体的右侧击球的中上部，并充分摩擦来球。击球后，顺势挥拍头部左侧，然后迅速还原成起始姿势。

直拍正手侧身拉下旋球

正手侧身拉下旋球看似简单，实则对动作的十分协调性要求很高，且球员要注意回球的精准度，提高回球的上台率。

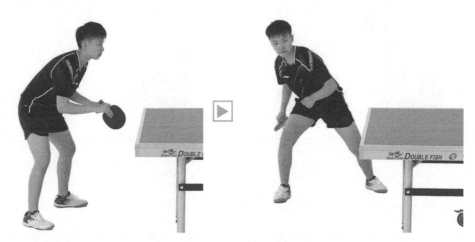

根据来球路线，通过并步或跳步移动到球台左角外侧，右脚先着地，左脚落在右脚的左前方，让自己侧身朝向球台，同时腰部与髋部向右转动，重心移至右脚，右侧上臂靠近身体，肘关节打开，向后引拍至右侧大腿后方。

在来球下降前期，向左转身，重心向左脚移动，右侧上臂发力带动前臂向左上方发力，在身体右前方击球的中上部。击球时，拍面稍前倾，以充分摩擦来球。击球后，顺势挥拍至头部左侧，重心放在左腿上，然后迅速还原成起始姿势。

直拍正手拉加转弧圈球

加转弧圈球是弧圈球的一种，其第一弧线弧度较大，第二弧线弧度较小，球在落台前速度较慢，在落台后会以较快的速度向下滑落。

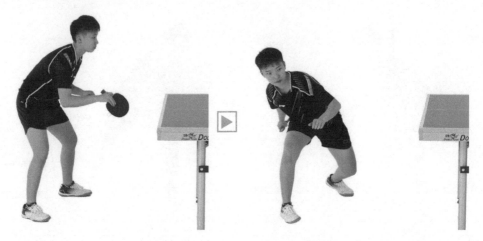

根据来球路线，移动到中台位置，双脚打开，略比肩宽，其中左脚在前。

向右转身，右肩下沉，屈膝压低重心并将重心移至右腿，右臂自然伸直，向身体的右后下方引拍至右侧大腿后侧，同时手腕微内勾。

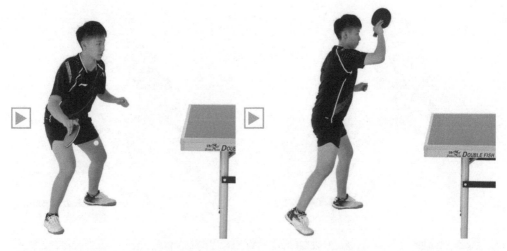

在来球下降前期，右脚用力蹬地，身体向左转，重心随之左移，右侧上臂发力，带动前臂向左前上方发力，拍面略微前倾，在身体的右前方击球的中部或中上部。击球时，以向上用力摩擦为主，并略微向前用力。击球后，继续向左前上方挥拍至额头的左前方，然后迅速还原成起始姿势。

直拍反手拉加转弧圈球

在比赛中，反手拉加转弧圈球和正手前冲弧圈球可以结合在一起，用于开展全台范围内的进攻，现在很多球员都会选择该进攻战术。

根据来球路线，移动到中台位置，微屈膝，双脚分开，与肩同宽，上身前倾。

继续屈膝，腰向左转，右肩前顶，重心左移，右侧前臂向内折叠，肘关节前顶，从身前向左后下方引拍至左侧大腿前侧，手腕内勾，使拍头指向后方。

在来球下降前期，双脚用力蹬地，收腹，向右转身，以肘关节为支点，右侧前臂向右前上方挥动，同时手腕外展，拍面前倾，用球拍的上半部分在身体前方击球的中部或中上部。击球后，继续向右前上方挥拍至头部右前方，然后迅速还原成起始姿势。

直拍正手前冲弧圈球

在比赛中，前冲弧圈球主要用来回击出台的发球、搓球、削球、推挡，也可以用于与对手对拉弧圈球，使用该技术出的球着台后的前冲力大，因此该技术是很有效的得分技术。

| 根据来球路线，移动到近台位置，双脚分开，略比肩宽，其中左脚在前，微屈膝，上身前倾，重心放在前脚掌上。

| 左脚蹬地，腰部向右转动，重心右移，同时右肩下沉，右臂自然伸直，向身体右后方引拍，并使拍柄指向右前方。

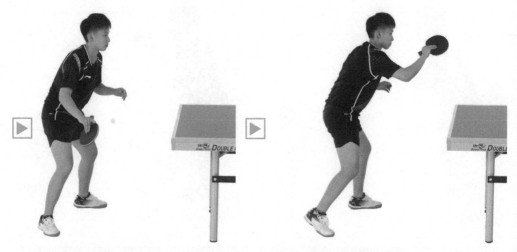

| 在来球进入高点期时，右脚蹬地，身体向左转动，重心随之左移，右侧上臂发力带动前臂向左上方加速挥拍，并在身体右前方击球。击球时，拍面前倾，前臂迅速内收，充分摩擦来球的中上部。击球后，顺势挥拍至头部左侧，将重心压在左腿上，然后左脚蹬地，让重心回到双脚中间，迅速还原成起始姿势。

直拍反手前冲弧圈球

前冲弧圈球弧线长、上旋强、速度快，有一定力量，着台后前冲力大，并会向下滑落。为了保证回球质量，球员在反手回球时要充分利用转腰的力量。

根据来球路线，移动到中台位置，双脚打开，略比肩宽，微屈膝，上身前倾。

腹部收紧，腰部与肩膀向左转动，重心随之左移，右侧前臂向内折叠，肘关节向前顶出，从身前向左下方引拍至左腹部前方，手腕内勾，使球拍正面朝上。

在来球进入高点期时，双脚用力蹬地，回身，充分利用蹬腿与转腰的力量向右前上方挥拍，在身体前方击球的中上部。击球时，拍面前倾的幅度要大，前臂以向前发力为主，同时略微向上发力。击球后，继续向右前上方挥拍至身体右侧，重心移至右腿，然后迅速还原成起始姿势。

直拍正手反拉弧圈球

现在的比赛中，球员的攻防转换十分频繁，因此反拉弧圈球技术的运用逐渐增多，其中正手反拉弧圈球技术被视为"大球时代"的核心技术。

根据来球路线，移动到中远台位置，双脚分开，略比肩宽，其中左脚在前，微屈膝。

腰部向右转动，重心随之右移，右臂抬高，肘关节自然弯曲，向身体的右后方引拍，使拍柄指向斜前方。

在来球上升后期，回身，充分利用转腰的力量，右侧上臂带动前臂向左前上方挥拍，在身体右侧击球的中上部。击球时，前臂与手腕保持相对不动，肘关节迅速内折，拍面以固定的前倾幅度击球，以充分摩擦来球。击球后，顺势挥拍至头部左侧，身体重心移至左脚，然后迅速还原成起始姿势。

直拍反手反拉弧圈球

反手技术受身体结构的限制，不论是引拍的幅度还是转腰蹬地的幅度，与正手技术相比都要小一些，所以反手反拉弧圈球需要更多地使用身体的力量，并且发力要协调。

根据来球路线，移动到中远台，双脚打开，略比肩宽，微屈膝。

身体向左转，重心随之向左移动，右臂从身前向左下方引拍至左腹部前方，让拍头指向身体，并使球拍高于台面。

在来球上升后期，左脚蹬地，向右回身，并使身体向上顶，以肘关节为支点让右侧前臂向右前上方挥动，且手腕与前臂以相对固定的状态迅速向外展开，在胸前击球的中上部，并充分摩擦来球。击球后，继续向右前上方挥拍至身体右侧，重心移至右腿，然后迅速还原成起始姿势。

直拍正手侧拉弧圈球

　　直拍正手侧拉弧圈球一般用于回击大角度的弧圈球，球员应快速移动到球台外侧，以顺利回击。

　　根据来球路线，向球台左角外侧移动，侧身朝向球台，到位后左脚在前，并把重心放在右脚上。移动过程中，腰与髋部向右转动，带动右臂向后引拍至右侧大腿的斜后方，并使拍头指向左后侧。

　　在来球的上升后期，身体向左转，重心随之左移，右侧上臂发力，带动前臂向左上方挥拍，拍面稍前倾，在身体的右前方击球。击球后顺势挥拍至头部左侧，然后迅速还原成起始姿势。

第 5 章

削球技术

削球技术是一种积极的防御技术。一名优秀的削球型球员可以通过对球的旋转及落点的控制，让对手做出错误的判断，从而达到扰乱对手，为自己创造进攻条件的目的。

正手削不转球

在比赛中，球员往往会用相似的动作削出旋转性质差异较大的转球与不转球，以扰乱对手的判断，致使他们回球失误，为自己的进攻创造良好条件，这也是削球型球员常用的战术。

根据来球的情况，选择合适的站位。双脚分开，略比肩宽，左脚在前，微屈膝。

左脚蹬地，身体向右转动，重心随之右移，右臂抬高，前臂上举并外旋，向右后方引拍至头部的右斜后方，拍面后仰。

在来球下降后期，右脚用力蹬地，身体向左转回，重心随之左移，右侧上臂带动前臂向左前下方挥动，在腰部的右前方削球的中部。击球时，拍面垂直，手腕保持相对固定，并向前推送球。击球后，顺势向左前下方挥拍，然后左脚蹬地，迅速还原成起始姿势。

反手削转球

如果球落在身体左侧，球员可以用反手削转球技术将球击回，以大大提高球的速度，让削球更具攻击力，并起到迷惑对手的作用。

根据来球的情况，移动到中远台位置。双脚开立，略大于肩宽，微屈膝。

右脚蹬地，身体向左转动，将重心移到左脚，同时右臂抬起，向内弯曲，向左后上方引拍至头部的左侧。

击球时，拍面后仰，并集中发力，加强旋转。

在来球的下降前期，腰部向右转动，重心移至右脚，借助转腰的力量，右侧上臂带动前臂向右前下方挥拍，在腰部的右前方击球的中下部。击球瞬间，手腕向下切球，充分摩擦球，使球带有旋转。击球后，顺势向右前下方挥拍，然后快速将重心移至双脚中间，迅速还原成起始姿势。

 动作要领

击球时，应保证球拍后仰，击球的中下部，发力以摩擦为主，以保证球的旋转及速度。此外，击球时手腕要相对固定，不要依靠手腕的转动削球。

反手削不转球

如果对手的攻击比较猛烈，那么球员可以通过反手削不转球的方式，给自己争取更多的击球时间，并增强控球的稳定性，以稳定局面，逐步展开反攻。

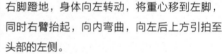

▌根据来球的情况，移动到中远台位置。双脚开立，略大于肩宽，膝盖微屈。

▌右脚蹬地，身体向左转动，将重心移到左脚，同时右臂抬起，向内弯曲，向左后上方引拍至头部的左侧。

▌在来球的下降前期，腰部向右转动，重心移至右脚，借助转腰的力量，右侧上臂带动前臂向右前下方挥拍，在身体的右前方击球的中部。击球时，手腕向右前方推送，撞击来球。

▌击球后，顺势向右前下方挥拍，然后快速将重心移至双脚中间，迅速还原成起始姿势。

细节指导

削不转球时，要保证拍面垂直，击球的中部，向前发力，以减少摩擦，将球推出。

正手削突击球

　　突击球速度快、力量强、来球突然。在比赛中，球员如果想要保证自己的回球质量，可以通过削突击球的方式回击。

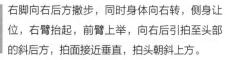

根据来球的情况，移动到中远台位置。双脚分开，略比肩宽，微屈膝。

右脚向右后方撤步，同时身体向右转，侧身让位，右臂抬起，前臂上举，向右后引拍至头部的斜后方，拍面接近垂直，拍头朝斜上方。

在来球下降后期，右脚用力蹬地，身体向左转回，重心随之左移，右侧上臂带动前臂向左前下方挥动，在身体的右前方击球的中下部。因为来球速度较快且力量较大，所以要迎着来球，利用腰部转动的力量，带动手臂挥拍击球。击球时，手腕保持相对固定，前臂向左下方用力压切。击球后，顺势向左前下方挥拍，然后左脚蹬地，迅速还原成起始姿势。

反手削突击球

如果对手的突击球打向反手位，那么球员可以用反手削突击球的技术回击。在比赛中，反手削突击球一般用于回击对手的低球突击或大板扣杀。

根据来球的情况，移动到中远台位置。双脚分开，略比肩宽，微屈膝。

左脚向左后方撤步，同时身体向左转，侧身让位，右臂上抬，向内弯曲，从身前向左后上方引拍至左肩上方。

在来球的下降后期，腹部收紧，回身，重心随之右移，右侧前臂外展，向右前下方挥动，在腹部前方击球的中下部。因为来球速度较快且力量较大，所以要迎着来球，利用腰部转动的力量，带动手臂挥拍击球。击球时，手腕保持相对固定，拍面接近垂直，向右前下方切球。击球后，顺势向右前下方挥拍，然后右脚蹬地，迅速还原成起始姿势。

第 6 章

综合技术

综合技术是由两个或以上的单一技术构成的技术组合，也是构成战术的基本单元。综合技术在单一技术与整体战术中起着承上启下的作用，可以保证球员不会出现实战与练习脱节的现象。

横拍两面拉上旋球

6.1 横拍综合技术

横拍两面拉上旋球时，重心的转换、步法的移动及身体的配合都十分重要，球员除了挥拍击球时需要注意动作的准确性外，击球前的移动也需要重点训练。

站位近台，双脚打开，略比肩宽，微屈膝，集中注意力，观察来球。

如果来球在自己的反手位，则腰部向左转动，右肩下沉，右臂弯曲，手腕内扣，引拍至左腹前方。

在来球进入高点期时，腰部向右回转，重心随之右移，带动右侧前臂向右前上方摆动，在身体前方击球。击球时，手腕迅速外展，并摩擦球的中上部，使其带有上旋。击球后顺势挥拍，然后迅速还原成起始姿势。

观察对手回球，如果来球在自己的正手位，则左脚蹬地，通过跳步向右移动，迅速移动到适合正手拉球的位置。

到位后，右腿屈膝，将重心压在右腿上，同时身体向右转，带动右臂向后引拍至右侧大腿的右后方，手腕内旋，使拍面前倾。

在来球进入最高点或下降前期时，右脚蹬地，身体向左转，重心随之左移，带动右臂向左前上方挥拍，并在腰部右前方击球。击球时，球拍适当前倾，摩擦球的中上部。击球后顺势挥拍至头部左侧，然后迅速还原成起始姿势，准备下一板击球。

横拍正手发球后正手抢拉

在比赛中，正手发球后正手抢拉是一项十分常用的综合技术，球员往往可以借此掌握赛场上的主动权。

站在球台左角外侧，双脚分开，与肩同宽，左脚在前。上身前倾，侧身朝向球台，左手持球置于身体的右前方。

左手垂直向上抛球，抛球的同时身体向右转，重心随之右移。

右臂抬起并自然弯曲，向右后方引拍至头部的右后方。之后，身体向左转，重心向左移动，向左前下方挥拍。

细节指导

发球时，球员应该根据对手的能力与自身战术的需要，提前选择适当的发球方式，以在合适的时机与位置发球。

发完球后，左脚蹬地，右脚向后撤步，左脚再适当调整，使身体正面朝向球台，呈最佳击球姿势。

根据来球路线，通过并步移动到适合正手拉球的位置，同时身体向右转，右臂向后引拍至大腿的右后方。

到位后，重心放在右腿上，然后右脚立即蹬地，身体向左转动，重心随之左移，带动右臂向左前上方挥拍，拍面前倾，在腰部的右前方击球。击球后，顺势挥拍，然后左脚蹬地，让重心回到双脚之间，呈最佳击球姿势，准备回击下一板来球。

横拍正手发球后反手抢拉

球员发球后，应该对对手回球的落点与旋转强度进行预判。如果对手将球打向自己的反手位，则应该及时移动到合适的位置，进行反手抢拉。

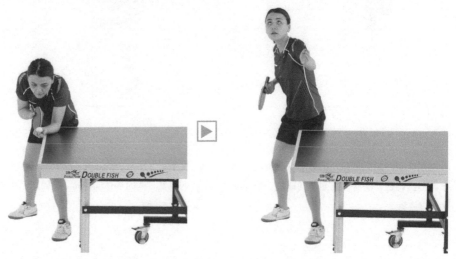

站在球台左角外侧，双脚分开，与肩同宽，左脚在前，上身前倾，侧身朝向球台，左手持球，在身体右前方向上抛球。抛球的同时身体向右转，重心随之右移，右臂抬起并自然弯曲，向右后引拍至身体的右后方。

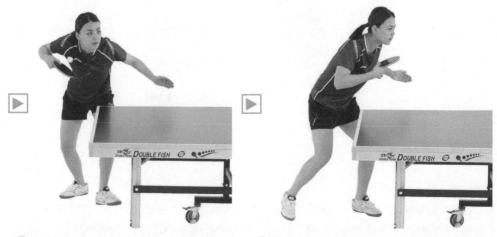

身体向左转，重心向左方移动，向左前下方挥拍，在身体的右前方击球。

发完球后，左脚蹬地，右脚向后撤步，左脚再适当调整，使身体正面朝向球台，呈最佳击球姿势。

根据来球路线向后撤步，移动到适合反手击球的位置。移动过程中，含胸收腹，重心下沉，身体向左转动，右臂弯曲，手腕内勾，从身前向左后下方引拍至大腿前方。

到位后，双脚同时蹬地，身体向右转动，重心随之向右移动，以肘关节为支点，右侧前臂向右前上方挥拍，同时手腕外展，拍面前倾，在身体前方击球。击球后，顺势挥拍，然后右脚蹬地，让重心回到双脚之间，呈最佳击球姿势，准备回击下一板来球。

横拍正手发球后侧身抢拉

球员在进行侧身抢拉时，快速合理的移动步法、预判的准确性及积极的抢攻意识缺一不可，这样才能保证高质量的击球。

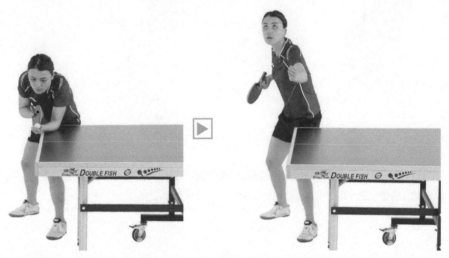

站在球台左角外侧，双脚分开，与肩同宽，左脚在前，上身前倾，侧身朝向球台，左手持球，在身体右前方向上抛球。抛球的同时身体向右转，重心随之右移，右臂抬起并自然弯曲，向右后引拍至身体的右后方。

身体向左转，重心向左移动，向左前下方挥拍，在身体的右前方击球。

发完球后，右脚略微向后撤步，重心回到双脚中间。

右脚蹬地，小范围向左移动，充分侧身。到位后，左脚位于右脚的左前方，将重心压在右腿上。在移动的过程中，腰部向右转动，右臂自然下垂，向右后引拍至大腿的右后方。手腕内旋，使拍面前倾。

在来球的上升期，右脚用力蹬地，腹部收紧，身体向左转动，重心随之左移，带动右臂向左上方挥拍，在腰部的右前方击球，并尽量摩擦球。击球后，顺势挥拍，然后左脚蹬地，向右跳步还原，准备下一板回球。

横拍反手搓球后正手侧身抢拉

球员在搓球后，一定要迅速还原到准备姿势，并注意调整自己的拍形，保证自己可以及时移动到侧身位置，以确保回球质量。

▌ 站位近台，双脚分开，略比肩宽，微屈膝，上身前倾，集中注意力，观察来球。

▌ 右脚向前上步，伸入台下，并将重心压在右腿上，同时右臂向内弯曲，向左前上方引拍至左胸前。

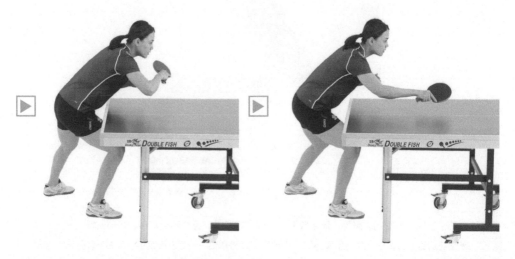

▌ 在来球的上升期或下降前期，右臂前伸，拍面后仰，向斜下方挥拍，在身体的右前方击球，并摩擦球的中下部，通过反手搓球回击来球。

搓球后，右脚蹬地，迅速向后撤步，左脚再适当调整，使身体正面朝向球台，呈最佳击球姿势。

右脚蹬地，通过跳步快速左移至侧身位，同时腰向右转，右臂向右后引拍至大腿的右后方。到位后，重心放在右腿上。

在来球的上升期，腹部收紧，右脚蹬地，身体向左转动，重心随之左移，带动右臂向左前上方挥拍，球拍前倾，在腰部的右前方击球。击球后，顺势挥拍，然后左脚蹬地，让重心回到双脚之间，迅速还原成起始姿势，准备回击下一板来球。

横拍正手搓接后正手抢拉

球员在搓球时，切忌盲目回球，一定要有计划与目的，对回球的长短、落点及与下一板拉球的衔接进行规划，保证战术顺利实施。

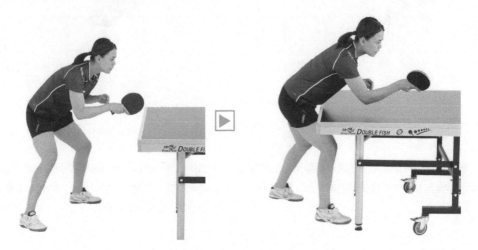

站在近台位置，双脚分开，略比肩宽，微屈膝，上身前倾，集中注意力，观察来球。

右脚向前上步，伸入台下，并将重心压在右腿上，同时右臂自然弯曲，稍向右后上方引拍。

在来球的上升期或下降前期，右臂前伸，拍面后仰，向斜下方挥拍，在身体的右前方击球，并摩擦球的中下部，通过正手搓球回击来球。

击球后，右脚蹬地，向后撤步，迅速呈最佳击球姿势。

左脚蹬地，移动到适合正手接球的位置，同时身体向右转，右臂向右后引拍至大腿的右侧。到位后，右腿屈膝，将重心移至右脚。

右脚蹬地发力，腹部收紧，腰部向左转动，重心随之左移，带动右臂向左前上方挥拍，拍面前倾，在身体右前方击球。击球后，顺势挥拍至额头的左前方，然后左脚蹬地，通过跳步或并步向右移动，迅速还原成起始姿势，准备回击下一板来球。

横拍正手搓接后反手抢拉

反手拉球是在正手搓接球后非常直接的跟进进攻方式。两次击球之间要注意重心的过渡，也要保证正、反手的转换顺畅。

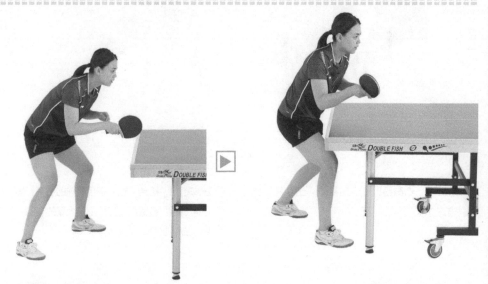

站在近台位置，双脚分开，略比肩宽，微屈膝，上身前倾，集中注意力，观察来球。

右脚向前上步，伸入台下，并将重心压在右腿上，同时右臂自然弯曲，稍向右后上方引拍。

在来球的上升期或下降前期，右臂前伸，拍面后仰，向斜下方挥拍，在身体的右前方击球，并摩擦球的中下部，通过正手搓球回击来球。

击球后，右脚蹬地，快速后撤，呈最佳击球姿势。之后，根据来球路线向后撤步，移动到适合反手击球的位置。移动过程中，含胸收腹，重心下沉，身体向左转动，右臂向内弯曲，手腕内勾，从身前向左后下方引拍至左侧大腿前方。

到位后，双脚同时蹬地，身体向右转动，重心随之向右移动，以肘关节为支点，右侧前臂向右前上方挥拍，同时手腕外展，拍面前倾，在身体前方击球。击球后，顺势挥拍，然后右脚蹬地，让重心回到双脚之间，迅速还原成起始姿势，准备回击下一板来球。

横拍左拨右攻

球员在反手拨球时，要提前进行规划，注意落点与对手的位置关系，让回球具有一定的目的性，且要保证其与后一板攻球的衔接。

站在近台位置，双脚分开，略比肩宽，微屈膝，集中注意力，观察来球。

右臂向内弯曲，手腕内勾，根据来球的路线及旋转情况，使拍面适当前倾，向左后上方引拍至胸前。

在来球的上升期，右侧前臂外旋并向右前上方加速挥拍，同时手腕外展，在身前击球的中上部。击球时，拍面前倾，手腕固定，借来球的反弹力量，将球向右前方拨回。击球后，顺势挥拍。

使用并步或跳步向来球方向移动。移动过程中，身体右转，右臂自然弯曲，向右后方引拍。到位后，双腿屈膝，重心下沉，并将重心移至右脚。

在来球的高点期，右脚用力蹬地，腹部收紧，向左转动，重心随之左移，带动右臂向左前上方挥拍，拍面前倾，在身体右侧击球。击球后，左脚蹬地，将重心移回双脚中间，迅速还原成起始姿势。

横拍左拨右拉

球员在进行左拨右拉时，击球时的节奏感很重要，不然容易疲于救球，失去主动权。此外，移动应果断且利索，一步到位，以减少失误。

站在近台位置，双脚分开，略比肩宽，微屈膝，集中注意力，观察来球。

右臂向内弯曲，手腕内勾，根据来球的路线及旋转情况，使拍面适当前倾，向左后方引拍至胸前。

在来球的上升期，右侧前臂外旋并向右前上方加速挥拍，同时手腕外展，在身前击球的中上部。击球时，拍面前倾，手腕固定，借来球的反弹力量，将球向右前方拨回。击球后，顺势挥拍。

左脚蹬地，根据来球路线，通过并步或跳步向右后方移动。移动过程中，身体右转，右臂自然伸展，向后引拍至大腿的右后方。到位后，使双脚间的距离略比肩宽，右腿屈膝，身体前倾，将重心移至右脚。

右脚用力蹬地，腹部收紧，腰部向左转动，重心随之左移，带动右臂向左前上方挥拍，拍面前倾，在身体右前方击球，并向上摩擦球。击球后，顺势挥拍，然后左脚蹬地，将重心移回双脚中间，迅速还原成起始姿势。

横拍正手拉上旋球后侧身拉球

正手拉上旋球后侧身拉球是一种连续进攻的综合技术。球员在拉球时应该注意自己回球的力量与球速，同时也应该对对手回球进行预判。

▎站在中近台位置，双脚分开，略比肩宽，微屈膝，集中注意力，观察来球。

▎左脚蹬地，向左侧稍稍迈步，同时身体向右转，右肩下沉，重心右移，带动右臂向右后引拍。

▎在来球的上升期，右脚用力蹬地。身体向左转，重心随之左移，右侧上臂发力带动前臂向左上方挥拍，在腰部的右前方击球。击球后顺势挥拍至头部左侧，重心移到左腿。

右脚蹬地，通过跳步向左移动至左侧身位，到位后将重心压在右腿上。在移动的过程中，腰部向右转动，右臂自然弯曲，向右后引拍至大腿的右后方。

动作要领

侧身拉球前，应该精确、迅速地移动到球台左角，并充分让位，以抓住最佳的击球时间，避免漏球等失误，提高回球质量。

在来球的上升期，右脚用力蹬地，腹部收紧，身体向左转动，带动右臂向左上方挥拍，在腰部的右前方击球，并尽量摩擦球。击球后，顺势挥拍，然后左脚蹬地，向右跳步还原成起始姿势，准备下一板回球。

横拍正手拉下旋球后拉上旋球

球员在进行拉下旋球后拉上旋球时，一定要明确拉下旋球与拉上旋球的区别，保持清晰的思路，仔细观察来球并以正确的方式回击，以提高自己的回球质量。

站在中近台位置，双脚分开，略比肩宽，微屈膝，上身前倾，集中注意力，观察来球。

根据来球路线，左脚蹬地，通过并步的方法向右移动到合适的位置。

移动的过程中，重心下沉，身体右转，带动右臂向右后下方引拍，到位后将重心放在右腿。

在来球的下降前期，回身，带动右臂向左前上方挥拍，在身体前方击球。

完成击球后迅速还原。之后右脚向后跨步至中台，并根据来球调整自己的位置，移动到适合回球的位置。

在移动过程中，身体右转，右臂向右后引拍。到位后，身体略微下沉，并将重心压在右腿上。

在来球的上升期，右脚用力蹬地，腹部收紧，身体向左转动，带动右臂向左上方挥拍，在腰部的右前方击球，并尽量向前摩擦球。击球后，顺势挥拍，然后左脚蹬地，向右跳步还原，准备下一板回球。

细节指导

一定要明确拉下旋球与拉上旋球的区别。拉下旋球时，要多向下引拍，且引拍时身体下沉较多；击球的中部，并多向上摩擦球，减少撞击的成分。而拉上旋球时，要多向后侧方引拍，且引拍时身体下沉较少；击球的中上部，多向前摩擦球，并在摩擦的基础上增加撞击的成分。

横拍正手拉下旋球后冲上旋球

在比赛中，横拍正手拉下旋球后冲上旋球是非常具有攻击性的一项综合技术，技术好的球员往往可以通过其直接得分，或者完全占据主动。

站在近台位置，双脚分开，略比肩宽，微屈膝，上身前倾，集中注意力，观察来球。

通过并步或跳步移动到合适的位置，移动过程中转腰收胯，重心右移，右臂向右后引拍至右膝后方。

到位后，双腿屈膝，并将重心放在右腿上。在来球下降前期，顶胯收腹，向左转身，重心随之左移，带动右臂向左前上方摆动，在身体的右前方击球。击球后，顺势挥拍。

根据来球线路，快速移动到适合回球的位置，含胸收腹，上身略微前倾，并将重心放在前脚掌上。移动过程中，转腰收胯，右臂自然弯曲，向后引拍至大腿右后方。到位后，双腿屈膝，并将重心压在右腿上。

手腕内旋，使拍面前倾。在来球的下降前期，右脚用力蹬地，迎球向前跳起，同时腰向左转，右侧上臂发力带动前臂加速向左前上方摆动，在胸部的右前方击球的中上部。击球后，顺势挥拍至头部左侧，然后左脚蹬地，调整身体重心，准备下一板回球。

直拍中台两面拉上旋球

直拍中台两面拉上旋球也是一种连续进攻的综合技术。球员反手拉上旋球时，可以采用直拍横打技术，以弥补直拍在反手方面的不足。

站在中台位置，双脚打开，大于肩宽，微屈膝，集中注意力，观察来球。

如果来球在自己的反手位，则腰部向左转动，身体前倾，右肩下沉，右臂弯曲，向左下后方引拍至左腹前方，手腕内扣，使拍头指向自己。

在来球进入高点期时，腰部向右回转，重心随之右移，带动右侧前臂向右前上方摆拍，在身体前方击球。击球时，手腕迅速外展，并摩擦球的中上部，使其带有上旋。击球后顺势挥拍。

观察对手回球，如果来球在自己的正手位，则左脚蹬地，通过跳步向右移动，迅速移动到适合正手拉球的位置。

到位后，右腿屈膝，将重心压在右腿上，同时身体向右转，右臂自然弯曲，向后引拍至右膝的右后方。

在来球的下降前期，右脚蹬地，身体向左转，重心随之左移，带动右臂向左前上方挥拍，并在腰部右前方击球。击球时，球拍适当前倾，摩擦球的中上部。击球后顺势挥拍至头部左侧，身体重心压在左腿上，然后迅速还原成起始姿势，准备下一板击球。

直拍发短下旋球后侧身抢攻

发短下旋球后侧身抢攻是下旋球的一种基本组合技术，在比赛中，球员一般通过不出台的短下旋球让对手回搓，然后利用侧身拉球技术将球拉起，以迅速占据主导地位。

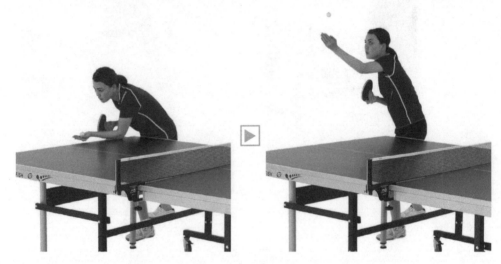

站在球台左角外侧，双脚分开，与肩同宽，其中左脚在前，侧身朝向球台，上身前倾。左手持球，置于身体的右前方，然后垂直向上抛球。

抛球的同时身体向右转，重心随之右移，右臂抬起并自然弯曲，向右后引拍至身体的右后方。

在球落至稍高于球网时，回身，右侧上臂架起，以肘关节为支点，向左前下方加速挥动前臂，挥拍击球。击球后，顺势挥拍。

左脚适当调整位置，并将重心移至双脚中间。

右脚蹬地，并步侧身。移动过程中，腰部向右转动，右肩下沉，右臂自然弯曲并向右后引拍。到位后，重心移至右脚。

右脚蹬地，腰部向左转动，重心随之左移，带动右臂向左前上方挥拍，拍面前倾，在腹部的右前方击球。击球后，顺势挥拍，调整身体重心，迅速还原。

> **细节指导**
>
> 发短下旋球时，用球拍靠近身体的那侧击球。击球瞬间，手腕略微向下发力，使球拍向下砍，以充分摩擦球的中下部，让球带有下旋。此外，发的球的第一落点应该比较靠近球网，即我方半台1/3的位置，如果离球网太远则发球容易下网。

● 乒乓球运动轨迹

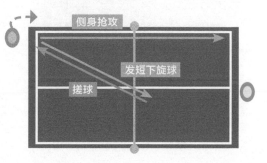

直拍发下旋球后反手拉下旋球

直拍发下旋球后反手拉下旋球是很基础、常用的综合技术。在比赛中，球员发完球后要抓住对手的空位，将第二板球拉至对角，以占据主导地位。

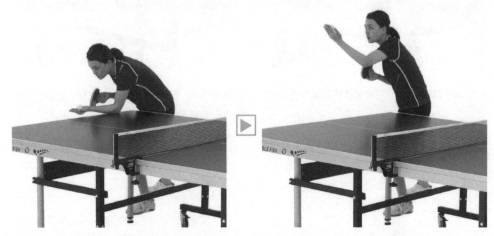

站在球台左角外侧，双脚分开，与肩同宽，其中左脚在前，侧身朝向球台，且上身前倾。左手持球，置于身体的右前方，然后垂直向上抛球。

抛球的同时身体向右转，重心随之右移，右臂抬起并自然弯曲，向右后引拍至身体的右后方。

在球落至稍高于球网时，回身，右侧上臂架起，以肘关节为支点，向左前下方加速挥动前臂，在胸前击球的中下部，并充分摩擦球，以加强下旋。

发完球后，左脚蹬地，右脚向右撤步，左脚再适当调整，使身体正面朝向球台，并注意观察对手回球。

根据来球路线，移动到适合反手击球的位置，移动过程中，腰向左转，右臂向内弯曲，手腕内勾，向左后下方引拍至大腿前方。

来球进入高点期时，身体向右转，重心随之右移，带动右侧前臂向右前上方摆动，手腕外展，在胸前击球的中上方，且对球垂直方向的摩擦较多。击球后顺势挥拍，并让重心回到双脚之间，呈最佳击球姿势，准备回击下一板来球。

● 乒乓球运动轨迹

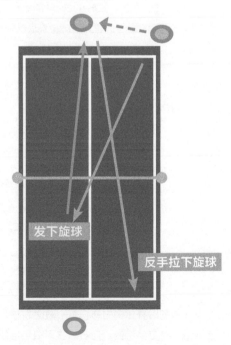

发下旋球

反手拉下旋球

147

直拍正手发球后正手抢拉

　　球员在进行抢攻时，脚下的移动非常重要，不然不能保证自己的回球质量。在比赛中，可以适当进行预判，并保持脚步的灵活性，切忌停在原地。

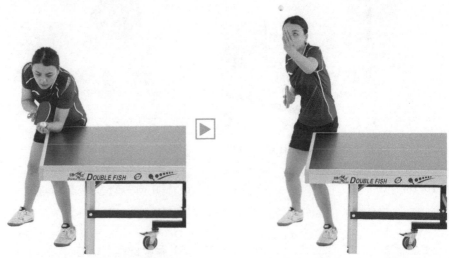

站在球台左角外侧，双脚分开，与肩同宽，左脚在前，上身前倾，侧身朝向球台。右手以直拍方法握拍，左手持球置于身体的右前方，然后垂直向上抛球。

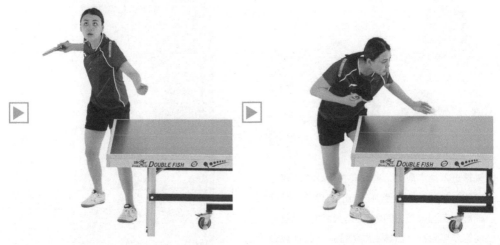

抛球的同时身体向右转，重心随之右移，右臂抬起并自然弯曲，向右后方引拍至身体的右后方。

身体向左转，重心向左移动，带动右臂向左前下方挥拍，在身体前方击球。

发完球后，左脚蹬地，右脚向后撤步，左脚再适当调整，使身体正面朝向球台，呈最佳击球姿势。

根据来球路线，通过并步移动到适合正手拉球的位置，同时身体向右转，右臂向右后引拍。

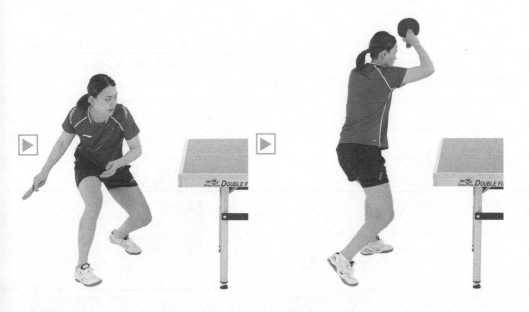

到位后，重心放在右腿上，然后右脚蹬地，身体向左转动，重心随之左移，带动右臂向左前上方挥拍，球拍前倾，在腰部的右前方击球。击球后，顺势挥拍，然后左脚蹬地，让重心回到双脚之间，呈最佳击球姿势，准备回击下一板来球。

直拍正手发球后侧身抢拉

正手发球后进行侧身抢拉具有很强的攻击性，是球员抢占主动的好机会。侧身抢拉注重球速和落点，所以该综合技术经常在快攻中被使用。

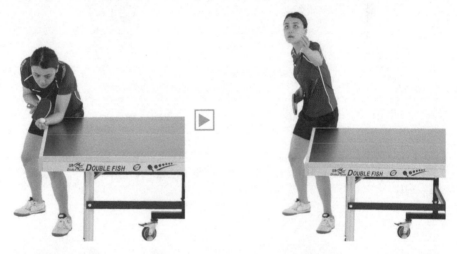

站在球台左角外侧，双脚分开，与肩同宽，左脚在前，身体前倾，侧身朝向球台。右手以直拍方法握拍，左手持球置于身体的右前方，然后垂直向上抛球。抛球的同时身体向右转，重心随之右移，右臂抬起并自然弯曲，向右后方引拍至身体的斜后方。

身体向左转，重心向左移动，带动右臂向左前下方挥拍，在身体前方击球。

发完球后，左脚蹬地，右脚向后撤步，左脚再适当调整，使身体正面朝向球台，呈最佳击球姿势。

右脚蹬地，通过跳步快速左移至侧身位，同时腰部与髋部向右转，右臂向右后引拍。注意，一定要充分侧身，以保证有足够的击球空间。

到位后，重心放在右腿上，然后右脚蹬地，身体向左转动，重心随之左移，带动右臂向左前上方挥拍，球拍前倾，在腰部的右前方击球。击球后，顺势挥拍，然后左脚蹬地，让重心回到双脚之间，呈最佳击球姿势，准备回击下一板来球。

直拍正手搓球后正手抢拉

　　球员在进行直拍正手搓球后正手抢拉时，要通过步法的调整来完成重心的变换，否则搓接和抢拉的动作无法流畅地衔接，这会导致球员错过最佳击球时机。

站在近台位置，双脚分开，略比肩宽，微屈膝，上身前倾，集中注意力，观察来球。

右脚向前上步，伸入台下，并将重心移至右腿，同时右臂抬起，自然弯曲，稍向后上方引拍。

根据来球性质与之后的战术，选择在来球的上升期或下降前期击球。手腕外旋，使拍面后仰，右臂前伸，向斜下方挥拍，在身体的右前方击球，并摩擦球的中下部，通过正手搓球回击来球。

击球后，右脚向后撤步，迅速呈最佳击球姿势。

移动到适合正手接球的位置，同时身体向右转，右臂向右后引拍至大腿的右后侧。到位后，双腿屈膝，将重心移至右脚。

右脚蹬地发力，腹部收紧，腰部向左转动，重心随之左移，带动右臂向左前上方挥拍，拍面前倾，在身体右侧击球。击球后，顺势挥拍至额头的左前方，然后左脚蹬地，通过跳步或并步向右移动，迅速还原成起始姿势，准备回击下一板来球。

直拍反手搓球后正手抢拉

实战中，非持拍手的配合动作对保持身体平衡及后面的发力都能起到很好的辅助作用，所以球员在练习中，一定要注意全身的协调性，让非持拍手配合引拍与击球的动作。

站在近台位置，双脚分开，略比肩宽，微屈膝，上身前倾，集中注意力，观察来球。

右脚上步，伸入台下，并将重心压在右腿上，同时右臂向内折叠，从腹部向左前上方引拍至左胸前。

手腕内旋，使拍面后仰，右臂前伸，向斜下方挥拍，在身体的右前方击球，并摩擦球的中下部，通过反手搓球回击来球。

击球后，右脚蹬地，快速后撤，将重心移至双脚中间，呈最佳击球姿势。

左脚蹬地，通过单步移动到适合正手接球的位置，同时身体向右转，右臂向后引拍至大腿的右侧。到位后，双腿屈膝，将重心移至右脚。

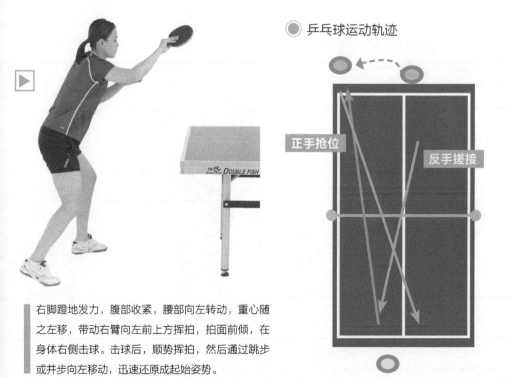

乒乓球运动轨迹

正手抢位

反手搓接

右脚蹬地发力，腹部收紧，腰部向左转动，重心随之左移，带动右臂向左前上方挥拍，拍面前倾，在身体右侧击球。击球后，顺势挥拍，然后通过跳步或并步向左移动，迅速还原成起始姿势。

直拍左推右攻

左推右攻是很基础的快攻技术。在比赛中，球员一般站在靠近反手一侧，以近台正手攻球为主要进攻手段，以反手推挡等技术进行防御和助攻。

站在近台位置，双脚分开，略比肩宽，微屈膝，集中注意力，观察来球。

右臂向内折叠并向身体靠近，向后引拍至腹前，手腕外旋，使拍面前倾，拍头指向左方。

右臂向来球方向伸出，在来球的上升期，前推球拍，在胸前击球的中上部。挥拍时，食指压拍，保证球拍以前倾状态击球。击球后，手臂顺势前伸。

手腕内旋，变为正手状态，拇指稍用力压拍，同时使用并步或跳步向来球方向移动。移动过程中，身体右转，右臂抬起并自然弯曲，向右后方引拍至腰部的右侧，并保证球拍不低于球台。到位后，双腿屈膝，并将重心移至右脚。

在来球的高点期，右脚蹬地，腹部收紧，身体向左转动，重心随之左移，带动右臂向左前上方挥拍，拍面前倾，在身体右侧击球。击球后，左脚蹬地，将重心移回双脚中间，然后迅速还原成起始姿势。

直拍左推右拉

左推右拉技术的原理与左推右攻技术的原理基本相同，都是运用反手推挡等技术来防御和助攻，只是在左推右拉中，球员在回接反手位来球时，通过抢拉技术争取主动。

站在近台位置，双脚分开，略比肩宽，微屈膝，集中注意力，观察来球。

右臂向内折叠并向身体靠近，向后引拍至腹前，手腕外旋，使拍面前倾，拍头指向左方。

右臂向来球方向伸出，在来球的上升期，前推球拍，在胸前击球的中上部。挥拍时，食指压拍，保证球拍以前倾状态击球。击球后，手臂顺势前伸。

手腕内旋，变为正手状态，拇指稍用力压拍，同时使用并步或跳步向来球方向移动。移动过程中，身体向右转动，右臂自然伸展，向右后引拍至大腿的右后方。到位后，双腿屈膝，身体前倾，并将重心移至右脚。

右脚蹬地，腹部收紧，身体向左转动，重心随之左移，带动手臂向左前上方挥拍，拍面前倾，在身体右侧击球，并尽量向上摩擦球。击球后，顺势挥拍，然后左脚蹬地，将重心移回双脚中间，迅速还原成起始姿势，准备回击下一板来球。

直拍反手拉上旋球后正手侧身冲球

直拍反手拉上旋球后正手侧身冲球技术是一种连续进攻的综合技术，使用该技术击出的球球速较快，具有很强的攻击性，可以帮助球员迅速掌握比赛的主动。

站在近台位置，双脚分开，略比肩宽，微屈膝，集中注意力，观察来球。

腰向左转，身体前倾，右臂向内折叠，向左下方引拍至腹部前方，手腕内勾，使拍头指向身体。

在来球进入高点期时，双脚蹬地，让身体向前上方顶，同时腰部向右转动，以肘关节为支点，右侧前臂向右前上方摆动，手腕外展，在胸前击球的中上部。击球后，顺势挥拍。

左脚先向左迈一小步，调整身体重心，然后右脚蹬地，通过跳步快速左移至侧身位。在移动过程中，腰部与髋部向右转，右臂自然弯曲，向右后引拍至大腿的右后方，手腕内旋，使拍面前倾。

到位后，将重心放在右腿上。在来球的高点期，腹部收紧，右脚用力蹬地，腰部向左转动，重心向左脚移动，带动右臂向左前上方挥拍，在身体的右前方击球。击球后，左脚蹬地，向右跳步，回到球台的正面位置，准备下一板回球。

直拍正手拉上旋球后侧身拉球

直拍正手拉上旋球后侧身拉球也是一种进攻性较强、威力较大的综合技术，可以给对手带来很大的防守压力。

站在近台位置，双脚分开，略比肩宽，微屈膝，上身体前倾，集中注意力，观察来球。

左脚向左迈步，同时腰部与髋部向右转动，重心移至右脚，右臂自然伸展，向右后方引拍。

手腕内旋，使拍面前倾，在来球下降前期，身体向左转，重心随之左移，带动右臂向左前上方摆动，在身体右前方击球的中上部。击球后，顺势挥拍。

右脚蹬地，通过跳步快速左移至侧身位置。在移动过程中，腰部与髋部向右转，右臂靠近身侧并自然弯曲，向右后引拍至大腿的右后方，手腕内旋，使拍面前倾。

到位后，将重心放在右腿上。在来球的高点期，腹部收紧，右脚用力蹬地，腰部向左转动，重心向左脚移动，带动右臂向左前上方挥拍，在身体的右前方击球。击球后，左脚蹬地，向右跳步，回到球台的正面位置，准备下一板回球。

直拍正手拉下旋球后拉上旋球

直拍正手拉下旋球与上旋球，虽然二者都是正手拉球，但它们是两个完全不同的技术动作，所以球员一定不能将二者混为一谈，如果用同一个动作的话会出现失误。

▎站在近台位置，双脚分开，略比肩宽，微屈膝，上身前倾，集中注意力，观察来球。

▎通过并步或跳步移动到合适的位置，移动过程中转腰收胯，重心右移，右臂向后引拍。

▎到位后，双腿屈膝，并将重心放在右腿上。在来球下降前期，顶胯收腹，身体向左转，重心随之左移，带动右臂向左前上方摆动，在身体的右前方击球的中部。击球后，顺势挥拍。

拉上旋球时，站位要比拉下旋球时靠后一些，所以要根据来球路线，小步向后撤步，并保持重心在前脚掌。

移动过程中，转腰收胯，右臂自然伸展，向后引拍至大腿右侧。到位后，双腿屈膝，将重心压在右腿上，且双腿下蹲的幅度要小于拉下旋球时。

手腕内旋，使拍面前倾。在来球下降前期，右脚用力蹬地，腰向左转，重心随之左移，带动右臂向左前上方发力，在腰部的右前方击球的中上部。击球后，顺势挥拍，然后左脚蹬地，调整身体重心，准备下一板回球。

直拍正手拉下旋球后冲上旋球

跟拉上旋球相比，冲上旋球威力更大、攻击性更强。在比赛中，球员往往可以通过正手拉下旋球后冲上旋球技术直接得分。

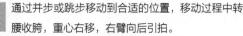

站在近台位置，双脚分开，略比肩宽，微屈膝，上身体前倾，集中注意力，观察来球。

通过并步或跳步移动到合适的位置，移动过程中转腰收胯，重心右移，右臂向后引拍。

到位后，双腿屈膝，并将重心放在右腿上。在来球下降前期，顶胯收腹，身体向左转，重心随之左移，带动右臂向左前上方摆动，在身体的右前方击球的中部。击球后，顺势挥拍。

根据来球路线，通过跳步或并步快速移动到适合回球的位置，含胸收腹，身体前倾，并将重心放在前脚掌上。

移动过程中，转腰收胯，右臂自然伸展，向后引拍至大腿右侧。到位后，双脚距离略比肩宽，双腿屈膝，并将重心压在右腿上。

手腕内旋，使拍面前倾。在来球的上升后期，右脚用力蹬地，腰向左转，重心随之左移，右侧上臂发力带动前臂加速向左前上方摆动，在腰部的右前方击球的中上部。击球后，顺势挥拍，然后左脚蹬地，调整身体重心，准备下一板回球。

167

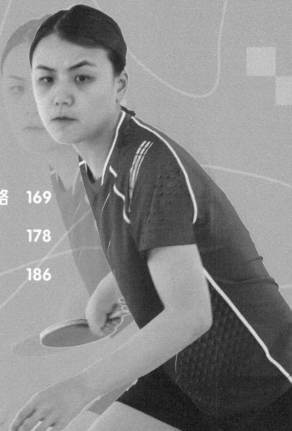

第 7 章

常用战术

每个类型的球员都会有类似的特点，这是他们同样的打法所决定的。所以面对同一类型的球员，我们可以根据他们打法的相同点，采取一些通用战术，有效针对他们的弱点展开进攻。

上旋球型

7.1 针对不同类型的选手的策略

上旋球速度快、力量大、攻击性强，球在对面球台弹起后会突然加速或改变方向。在比赛中很多球员都会选择上旋球作为进攻手段，以占据主动。

▶ 擅长正手进攻

在比赛中，擅长正手进攻的球员为了发挥自己的优势，会频繁进行跑动，使用各种步法移动到适合正手击球的位置，再通过正手打出上旋球，从而展开进攻，提高自己得分的概率。面对这种类型的对手，我们要从限制对手的移动着手，集中将球打向一个位置后，出其不意地改变球路，让对手来不及移动到最适合击球的位置，从而得到机会球。

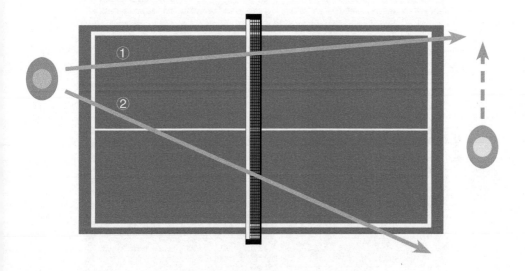

如果对手右手持拍，那我们可以集中将球打向右边角附近，让对手向右移动至其正手位，使其被迫离台。在把对手吸引至右半台后，我们突然改变回球路线，将球打至左半台偏左的反手位置，让对手只能去救球，这会大大降低其回球质量，或者导致其直接失球，让我方得分。注意，运用这个战术时自己一定要加强防守，以免让对手通过正手进攻得分，使自己变为被动。

在比赛中，我们除了可以通过球路的变化，迫使对手大范围地左右移动，拉大两次回球之间的横向距离外；还可以通过长、短球的配合，让对手前后移动，拉大纵向距离，以降低对手的回球质量，获得机会球，甚至直接得分。

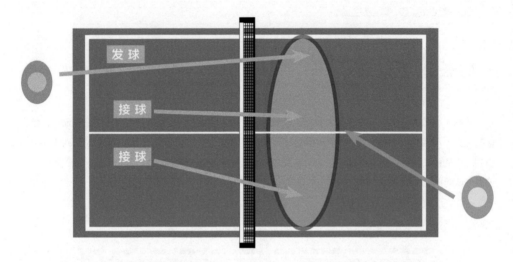

在比赛中，我们一般可以通过发短球或挑短球等方式，让球的落点比较靠前，迫使对手向前上步，在台内接球，借此创造对手后方的空位。

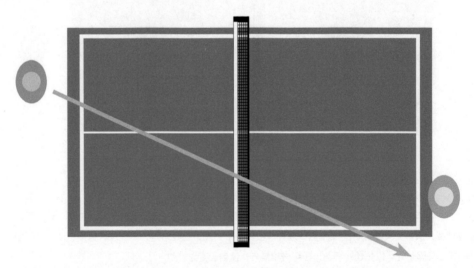

在对手迈步上前，在台内进行回球后，我们便可以通过长球将球打至对手的反手位置，让对手来不及挪步调整位置，无法顺利接球。注意，攻击对手的反手时，这板球一定要球速快、攻击性强，不给对手反应、调整的机会。所以在比赛中，这板球可以选择上旋球。

▶ 擅长反手进攻

如果对手擅长使用反手打出上旋球，那我们即使将球打至其正手回球的范围，其还是可能会选择反手回球。对于右手持拍的选手来说，上述范围为球台的正中到其右脚附近。

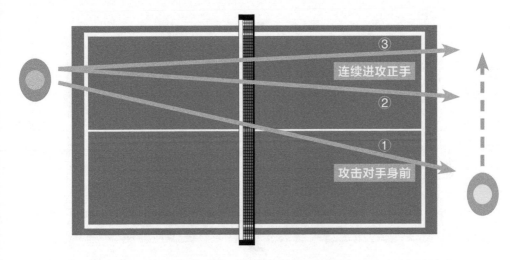

面对擅长反手进攻的对手，我们可以连续将球打至其右脚附近，吸引其向右移动，反手回球，让他逐渐远离自己原来的位置，偏离球台中央，以拉大横向距离。

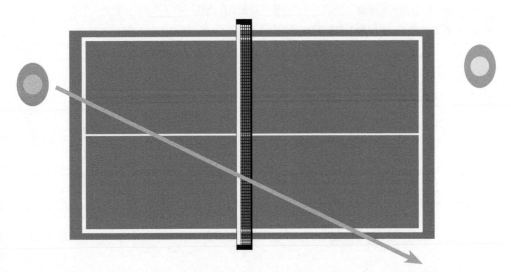

然后，我们突然变线，转为攻击对手的反手位置，让其来不及移动到合适的位置接球，无法发挥自己的反手优势，回球质量降低，从而创造良好的得分机会。

▶擅长正手、反手进攻

同时擅长正手进攻和反手进攻的球员一般为全能型球员。他们技术全面，且没有明显的不足，所以通常在比赛中很少出现较大的失误，上面介绍的战术往往很难在他们身上产生理想的效果。

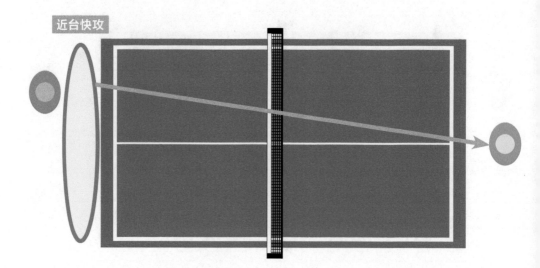

近台快攻

面对同时擅长正手进攻和反手进攻的对手，我们应该尽量抢先在近台发起进攻，瞄准对手身前的位置，通过近台快攻让对手露出破绽，并在他进行调整之前占据主动，争取得分机会。不然，我们很可能会被技术全面的对手翻盘，失去有利的局面。

技术解说

面对正、反手进攻都很擅长的对手，我们最好避免与其对攻，否则容易让自己落入下风、陷入被动。在双方实力差距较大的情况下，更应该避免进行拉锯战，防止暴露自己的技术缺陷，让对手抢得先机。因此，在比赛中，前三板球尤为重要，在保证击球质量的前提下，要尽可能增强自己回球的攻击性，通过快攻战术占据主动。

近台快攻型

近台快攻型球员一般很少退台，大部分时间都在中近台范围内移动。他们善于进攻，球速较快，通常喜欢打拉锯战。

近台快攻型打法的重点在于进攻。面对这种类型的对手，我们要避免打法太过单一，不然会让对手轻易寻得破绽，展开攻击。因此，在比赛中，我们应该灵活运用不同的球路，迫使对手频繁跑动、退到后台，让其难以展开有效的进攻。

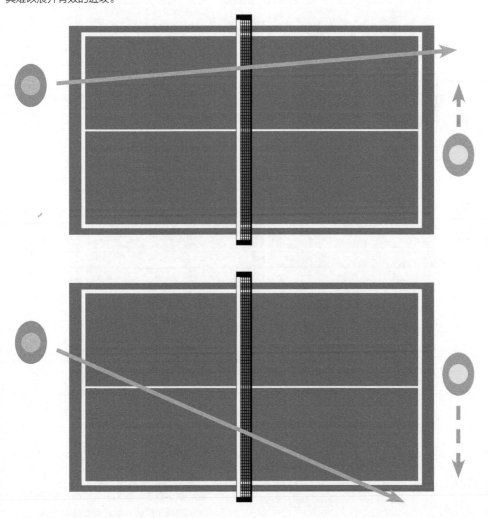

首先，我们通过正手进攻分散对手的注意力，之后突然用搓球攻击对手的反手位置，以降低其回球速度，为后面的进攻做铺垫。

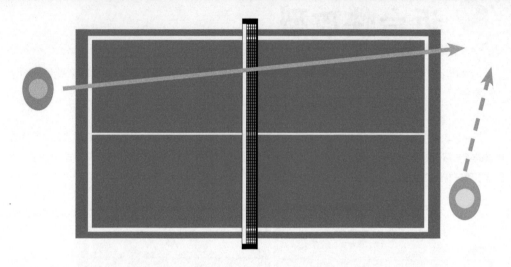

我们利用对手球速较慢的回球，进攻对手正手位置，将球打至对手球台的右边角附近，迫使对手退到远台。这种情况下，对手就算能救起该球，也离开了自己熟悉的近台，无法立即开展快攻。

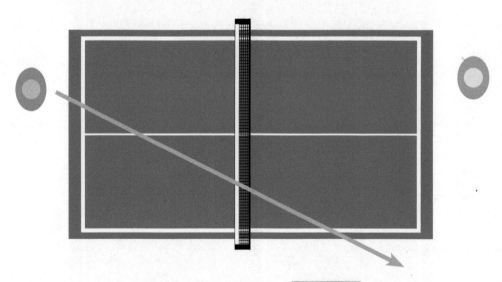

在对手为了救球退到远台后，我们再攻击对手反手位置，让其必须快速向左跑动。经过这种左右的调动，对手会疲于防守，无法有效调整自己的状态，无法开展自己擅长的近台快攻，这样就会露出破绽。

技术解说

近台快攻型选手比较喜欢进行拉锯战。在比赛中，我们最好不断改变回球的球速与路线，并且根据情况使用下旋球和不转球，以打乱对方的节奏。

近台攻守型

近台攻守型球员一般都会保持近台站位，并且更加重视防守。不过他们不会一味进行防守，而是会在防守中寻找对手的破绽，趁机转守为攻。

面对我们的进攻，近台攻守型球员一般会通过推挡技术来防守。这时虽然我们是在不断地主动进攻，但整体来看，我们仍处在被动局面，受对手的回球影响，这会造成无效进攻的情况。

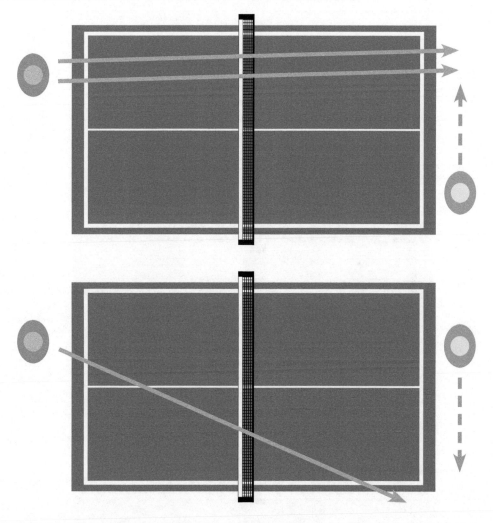

近台攻守型球员往往喜欢站在反手位置，即使在进行了正手进攻后，他们也会马上回到反手位置。所以我们可以连续向对手的正手位置打直球，通过持续的进攻消耗其体力，在其反手出现破绽时，立刻攻击其反手位置。注意，回球要将长球、短球、高球、低球结合在一起，避免打法单一。

削球型

削球型球员一般分为两种，一种在防守时会使用削球，另一种在进攻、防守时都会使用削球。削球型球员通常会选择中远台站位，通过削球技术制造旋转球，导致对手接球失误。

▶ 短球接长球

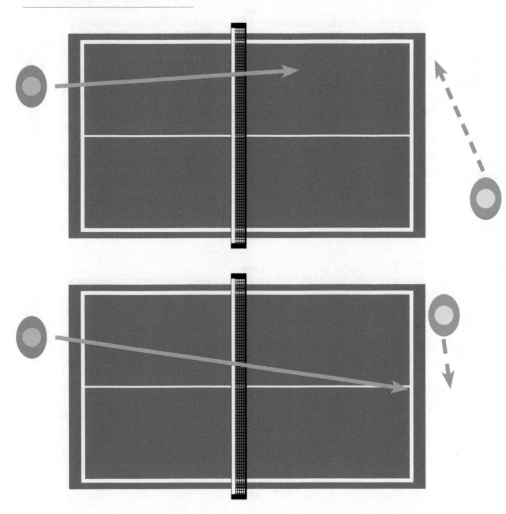

面对削球型球员，我们可以先攻击其正手近台位置，迫使其向前上步，移动到近台接球，再瞄准其身前，迫使其后退击球。这样可以拉大两次击球点之间的纵向距离，让对手频繁前后跑动，以降低其削球质量，使其无法顺利反攻。

▶ 正手近台接远台

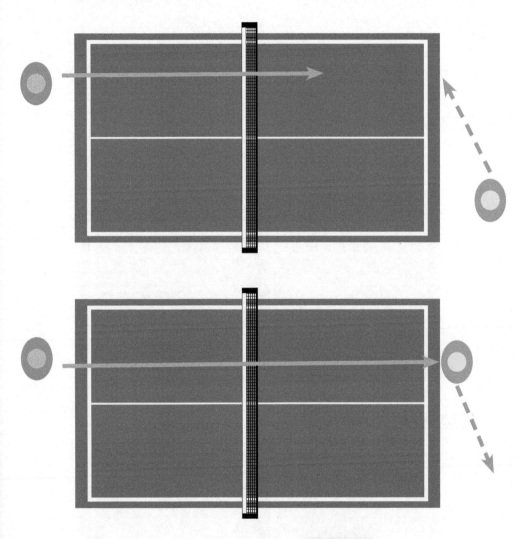

面对削球型球员，我们也可以先攻击其正手近台，紧接着攻击其正手远台，通过不同的球路迫使其频繁前后跑动。但要注意，后一板球不要攻击其反手位置，因为削球型选手比较擅长接反手球。

技术解说

在比赛中，通常情况下削球型球员都是利用反攻得分的。针对这一点，我们在进攻时可以以上旋球为主，提高对手回球失误的概率，以创造更多的机会球。

对攻：攻两角战术

　　如果对手的动作不够灵活、移动速度不及自己，那么攻两角战术的效果会非常好。我们通过攻击对手的左右两个大角，让对手疲于防守、无法应付，让自己可以轻松控制战局。

　　攻两角战术分为双角攻击和双边直线。双角攻击是以斜线攻对侧角的两次进攻，而双边直线是以直线攻同侧角的两次进攻。

▶ 双角攻击

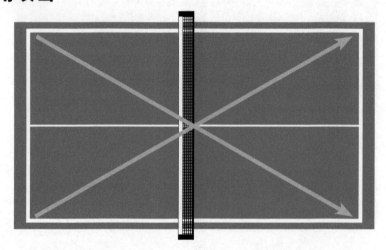

▶ 双边直线

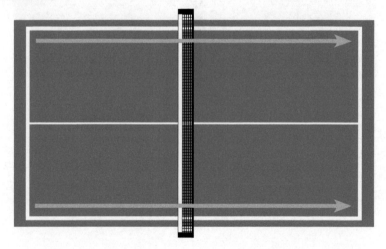

对攻：攻两角的应对办法

面对对手的攻两角战术，我们可以通过大角度转换、突袭空当的方式来回击。应对的一般规律为：遇斜线变直线，遇直线变斜线，且都要保证回球的落点在球台的边角上。

攻两角战术的应对方法非常具有规律性：如果来球路线为直线，那我们要以斜线攻对侧角；如果来球路线为斜线，那我们要以直线攻同侧角。

▶ 逢斜变直

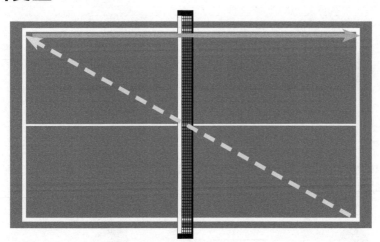

▶ 逢直变斜

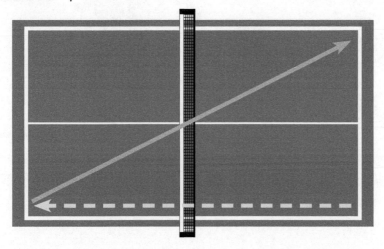

直拍横打两面摆

　　不管采用哪种方式握拍，摆速练习都是训练中必不可少的，它也是单打战术中非常常见的技术之一。

　　根据来球移动到中台位置，含胸收腹，右臂向内折叠，引拍至腹部前方，同时拇指压拍，手腕外旋，使拍面前倾，拍头指向左侧。

　　在来球的高点期，以肘关节为支点，右侧前臂向右前上方摆动，在胸前击球。

　　击球后，通过并步向右移动到适合正手击球的位置。

动作要领

与普通的直拍握法相比，比较适合直拍横打的握法中，大拇指应压拍，食指不宜握拍太深。此外，在挥拍击球时，要充分利用重心转移的力量，并在击球瞬间集中发力。

在移动过程中，腰向右转，右臂自然伸展，向右后引拍至身体的右后方。到位后，双腿屈膝，重心下沉，并将重心移至右脚。

在来球的高点期，右脚用力蹬地，腹部收紧，身体向左转动，重心随之左移，带动右臂向前上方挥拍，拍面前倾，在身体右前方击球。

击球后，顺势挥拍至头部的左前方，然后右脚蹬地，将重心移回双脚中间，迅速还原成起始姿势，准备下一板击球。

连续攻

如果想要连续开展有效的进攻，那动作的规范性、重心转换的实时性与步法衔接的流畅性都非常重要。

仔细观察，根据来球路线，迅速移动到最佳的接球位置，准备进攻。

身体向右转，重心随之右移，右臂自然伸展，向右后引拍至大腿的右后方。然后根据来球的旋转性质，在合适的时机挥拍击球。击球后顺势挥拍，然后迅速还原成起始姿势，准备下一次进攻。

 动作要领

如果来球路线为中路偏右，且可以连续进攻时，球员最好根据情况适当向左移动，以让出足够的击球空间，并在移动过程中完成引拍。球员连续正手进攻时，可以通过并步来移动到合适的击球位置。

技术解说

正手连续进攻时，一定要注意保持身体的平衡，以保证回球质量。此外，击球后，一定要仔细观察来球，在开展连续攻之前，应判断来球是否适合再次开展进攻。

推侧扑

推侧扑由3个连续的环节组成：反手拨球、侧身正手攻、正手位。这套动作不仅要求球员击球技巧过硬，还要求他们熟练掌握各类步法，是一项基本的综合战术。

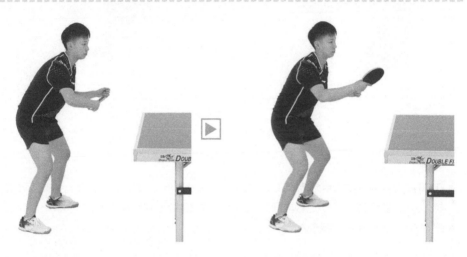

站在近台位置，双脚平行分开，含胸收腹，右臂自然弯曲，略微向后下方引拍至腹前，手腕外旋，使拍面前倾。

在来球的上升期，右侧前臂外旋并加速向右前上方挥动，在胸前击球的中上部。击球时，拍面前倾，且手腕保持固定。

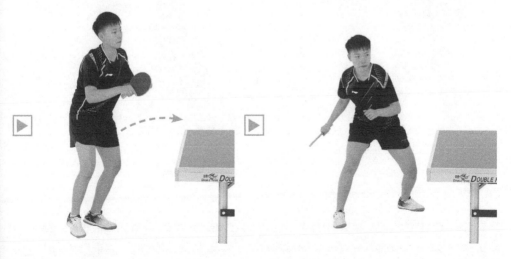

击球后，右脚蹬地，使用并步移动到侧身位。

在移动过程中，腰部向右转动，右臂向右后引拍至大腿的右后方。到位后，将重心放在右脚上。

在来球的上升期，右脚用力蹬地，身体向左转，重心随之左移，带动右臂向左前上方挥拍，拍面前倾，在身体右侧击球。

击球后，左脚蹬地，返回球台的正面位置，并在移动过程中完成引拍动作。

到位后，重心压在右腿上。根据来球路线，通过并步或交叉步向右移动，移动到合适的击球位置后，在空中完成击球。移动过程中，要保持身体重心稳定，然后迅速还原成起始姿势，准备下一板回球。

拉后扣杀

拉后扣杀战术是常见的进攻战术，其攻击性强、威力强、球速快，可以帮助球员占据主动，是得分的一大利器。

根据来球路线，移动到中近台位置，腰部与髋部向右转动，重心移至右脚，右臂自然伸展，向右后引拍至右膝后方。

在来球的上升期，身体向左转，重心随之左移，右臂向左前上方挥拍，在身体右侧击球的中上部。

根据来球路线适当调整位置，然后腰部与髋部向右转动，抬起右臂，向右后引拍至腰部的右后方。注意扣杀时的引拍位置要比拉球时的高，且球拍的前倾幅度也要比拉球时的小，拍面接近垂直。在来球的高点期，回身，重心随之左移，带动整个右臂向前上方挥拍，在身体的右前方击球的中上部。

双打规则

7.3 双打常用策略

双打是由4名球员共同完成的比赛，其比赛规则与单打基本相同，但在发球、接发球及击球的顺序上有特殊的规定，我们需要加以注意并区分。

▶ 发球要从本方的右半台打到对方的右半台

与单打比赛不同，双打中发球与接球的位置是固定的，发球方要站在本方的右半台，并将球发至对方的右半台，即发球路线为对角线。如果发球方将球从右半台打到对方的左半台，则为失误。

▶ 同一方的两位球员要交替击球

在双打比赛中，同一名球员不能连续击球，同队的两人必须交替击球。如果有球员连续击球，则为犯规，对方得分。

▶ 发球与接发球顺序

与单打相同，完成两次发球后，即双方共得2分后，交换发球方，并且刚才接球的球员现在负责发球，刚才发球的球员现在负责接球。

在一局比赛中，取得发球权的一方先选择一名球员发球；在下一局比赛中，则由对方先发球，也是由那一方自行决定发球的球员。如果一局比赛的比分达到11：11，发球和接发球的顺序不变，但每方完成一次发球后，便换为对方发球，直到该局结束。

▶ 决胜局规则

当比赛进入最后一局时，在一方取得5分后，双方必须交换场地。此时如果双方比分之和为奇数，接发球一方的两人要互换位置，再由发球方发球，继续比赛。

双打特点

与单打比赛不同，在双打比赛中，两名球员不仅要有过硬的技术，还要有良好的默契，相互配合、互为补充，才能作为一个整体共同获得胜利。

▶ 配合的重要性

在双打比赛中，两名球员的配合、默契程度与球员自身的技术水平同样重要。双打比赛靠单打独斗是无法取得最终胜利的，一名优秀的单打球员未必可以成为一名优秀的双打球员。可以这么理解，在双打比赛中，一加一未必等于二，两人如果配合默契，就可以发挥出"大于二"的效果；两人之间如果没有配合，那么可能只能发挥出"小于二"的效果。球员在练习时要了解队友的技术特点与不足，以在比赛中相互配合、互为补充，帮助队友尽量少暴露不足。此外，两人也要反复进行进攻与防守的配合练习，以培养两人之间的默契，熟悉对方的习惯。

▶ 走位的重要性

双打比赛规定4名球员要轮流击球，不能出现同一名球员连续击球的情况。因此，每名球员的跑动范围较大，位置也相对多变，并且球员要时刻注意队友的位置，避免影响队友的视线、妨碍队友移动到合适的位置。可见，在双打比赛中，灵活的走位与熟练的步法十分重要，这些能帮助球员顺利接到来球，或者为队友留出足够的击球空间。

▶ 需要合理配对

双打组合有两种常见的配对方式：两名球员都是右手持拍或一名球员左手持拍、另一名球员右手持拍。因为双打比赛规定同队的两名球员要交替击球，所以两种组合中球员的运动轨迹是不同的。如果两名球员都为右手持拍，那两人的站位很容易重叠，稍不注意便会相互妨碍；如果两名球员一人为左手持拍，另一人为右手持拍，两人的反手球不在同一位置，便能有效减少上述矛盾，走位也更加容易。双打组合许昕与马龙便是一人左手持拍，另一人右手持拍。

▶ 发球、接发球的重要性

在双打比赛中，发球受发球区的限制，对方的接发球球员只需将注意力集中在本方的右半台，这很容易让对方直接接发球抢攻。双打比赛中，前两板球可能直接决定这一分的归属。可见，发球与接发球技术都十分重要，高质量的发球可以减少对方抢攻的机会；当自己是接发球方时，好的接发球技术也可以让自己直接抢攻，以占据比赛的主导地位。

双打站位

在双打比赛中，合理的站位可以帮助球员快速、方便地让位，减少相互冲撞或妨碍击球的次数，有利于球员发挥出各自的优势。

▶ 平行站位

进攻型球员发球时，作为发球方的两人一般会采用平行站位。发球球员站位偏右，给队友让出3/4台。

如果两人都为进攻型球员且持拍手一左一右，接发球方及进攻型球员反手接发球时，一般也会采用平行站位。

▶ 前后站位

如果两人都是右手持拍，进攻型球员选择用正手接发球时，作为接发球一方的两人一般会采用前后站位，接发球的球员站在近台靠中间的位置，队友错位站在其后，这样有利于开展正手进攻。

削球型球员，无论是发球还是正手或反手接发球时，最好都采用前后站位：攻球手站在前面，削球手站位偏后。

双打的移动

在双打比赛中，由于两人要依次接球且球的落点无规律，所以球员正确移动十分重要，既要移动到有利于自己下次击球的位置，又不能影响队友的视线、妨碍其击球。

▶ 八字形移动

两名进攻型球员配对，且两人的持拍手分别为左手与右手时，多会采用八字形移动。在比赛时，完成击球后，两人都向自己的反手一侧移动，这样既能够为队友留出足够的击球空间，又可以充分发挥自己正手攻球的能力。

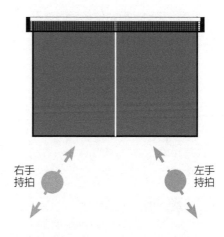

▶ T形移动

T形移动多为站位近台和站位中远台的球员配对时使用，如近台快攻型与两面弧圈型球员的组合、进攻型与削攻结合型球员的组合等。在双打比赛中，站位靠前的球员左右移动偏多，站位靠后的球员前后移动偏多。

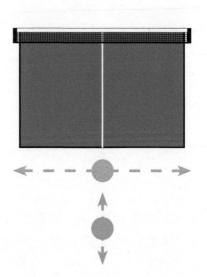

▶ 环形移动

两名右手持拍的球员在配对时，多采用环形移动。在比赛中，站位在前的球员向左后方移动，而站位在后的球员向右前方移动，两人的运动轨迹呈环形。

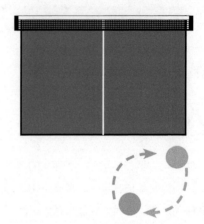

▶ ∞形移动

∞形移动也叫横8字形移动。当对手有意识地针对本方的一名球员交叉打两角时，本方球员移位路线多呈∞形，以让位于后面的球员快速移动到前面相同的位置上来。

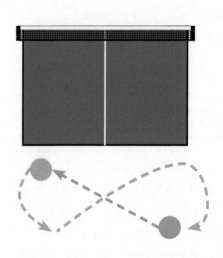

在实际的双打比赛中，球员们需要保持走位、移动。对手的战术可能会十分灵活，这就要求我方球员要根据实际情况，将各种移动方法结合在一起，随机应变。这要求球员既具有相当的反应速度、灵敏性与柔韧性，还要通过大量的训练与队友培养默契，以灵活运用各种移动方法，应对那些意料之外的来球。

打开角度

打开角度是非常基础的双打策略之一，能通过多变的球路，迫使对手移动到无法相互照应的位置，为我方创造进攻机会。

在双打比赛中，进攻型球员在进攻时可以尽量将球打向对面两个边角的位置，在球台范围内，球路的角度越大越好，让对方的两名球员相距较远，从而伺机进攻他们之间的空隙。

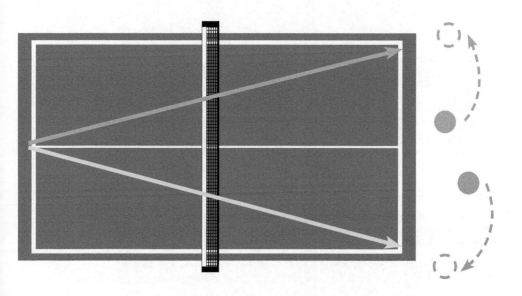

在双打比赛中，我方球员可以参照上图中标记的球路，依次将球打至对面的两个底角位置，迫使对手向球台两边移动，让两人之间的距离增大，力争把角度打开。跑动过程中，对手的中路会出现空隙，我们要抓住这个机会突袭，将下一板球打向对手的中路空隙，让对手的移动路线趋于混乱，以增加他们回球的难度、降低他们回球的质量，甚至让我方直接得分。

连压一角

比赛中，我们可以让两名对手移动到邻近的位置，让他们相互靠近，从而无法获得足够的击球空间，提高他们的失误率。

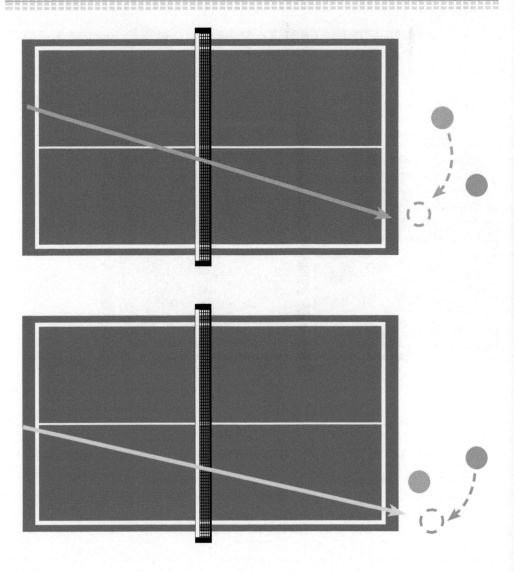

在双打比赛中，我们可以连续将球打至对手防守相对较弱的那一角，迫使两人集中在邻近的位置，挤在一起，这会导致他们相互让位困难。之后我们再伺机攻击空当或者打追身球，以降低对手的回球质量。

连续追身

追身球的落点在对手的身体附近，对手在击球时会被自己的身体阻碍，无法充分引拍、挥拍，很难找到合适的击球点。

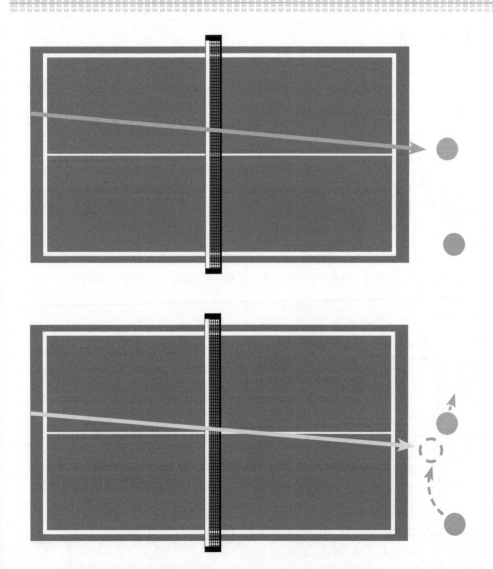

在双打比赛中，我们可以针对一名球员，连续将球打至其身前，即打追身球，迫使对手两人处在非常靠近的位置，甚至相撞，无法灵活移动。之后，我们抓住两人行动不便的机会，选择扣杀等球速快、力量大的攻击技术，突袭空当。

对打战术

由于双打比赛的特殊规则，4人轮流击球的顺序相对固定，所以我们应该选择有利的发球、接发球次序，并与队友明确主次关系，以占得比赛先机。

▶ 控强攻弱

如果两名对手之间一定存在实力的差距，那么比赛中我们需要充分利用这一点，对实力强的球员进行严密的控制，力争先行对其展开进攻，使打过去的球比较凶狠，尽量减少其主动进攻的机会。与此同时，我们应该把实力相对较弱的球员作为得分的突破口，力争通过猛烈的进攻得分或制造机会球。

▶ 以强打弱

如果两名对手中，一名实力较强，另一名实力明显较弱，那我们可以让我方实力较强的球员与对方实力较弱的球员进行对打，以拉大实力上的差距，让我方更容易得分。

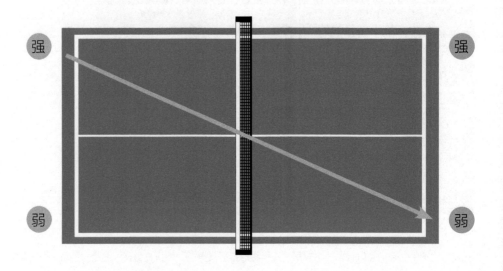

▶ 以强打强

　　如果我方的两名球员实力较为接近，那么我们可以选择以强打强的战术。进攻与控球能力较强的球员攻击对手中实力较强的球员，努力降低其回球质量，使其无法完全发挥出自身的攻击能力，以间接降低队友回球的难度，或者为队友创造机会球，从而占据比赛的主动，获得得分机会。

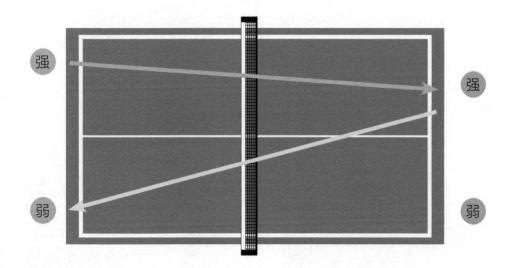

💡 **战术要领**

在双打比赛中，实力较弱的球员往往会成为对手的主要攻击目标，由此可见，对于双打组合来说，与搭档的互补与匹配十分重要。一名优秀的搭档，既能帮助队友充分发挥出其自身优势，又能与队友形成技术上的互补，尽可能少暴露本方的不足。

双打发球之后的战术

在双打比赛中，负责发球的球员一定要考虑到对手回球的各种情况，努力让对手将球回至便于队友开展进攻的位置。

▶ 跨步之后打上旋球

如果对手的回球是向我方的反手位置打来的长球，那我们可以采用跨步之后打上旋球的方法回击来球。如果我方的两名球员都为右手持拍，这种打到反手位置的长球不会让两名球员的移动轨迹重叠。负责接球的球员只需向左跨步，充分侧身，并不用担心与队友发生冲撞。接球球员跨步之后，打上旋球进行抢攻，这里最好使用扣杀等攻击性强的回球技术，以占据比赛的主动。同时，发球球员要向右后方移动，为队友留出足够的击球空间。

▶ 正手挑打

    如果对手通过挑接打出近台短球，那么我方可以采用正手挑打技术回击来球。完成发球后，两名球员都要仔细观察对手的动作，进行预判。如果预判对手会回近台短球，那负责发球的球员应该迅速向后移动，进行让位；负责接球的球员应保证球拍在球台上方，做好击球的准备，然后根据来球路线快速移动，在球台上方挥臂，完成回球。

    注意，球员进行正手挑打时，通常都是在移动中回球的。所以在平时训练中，球员除了要训练预判能力与快速移动能力外，还要对击球的稳定性进行强化，保证无论对手向哪个位置回球，自己都可以高质量地展开进攻。

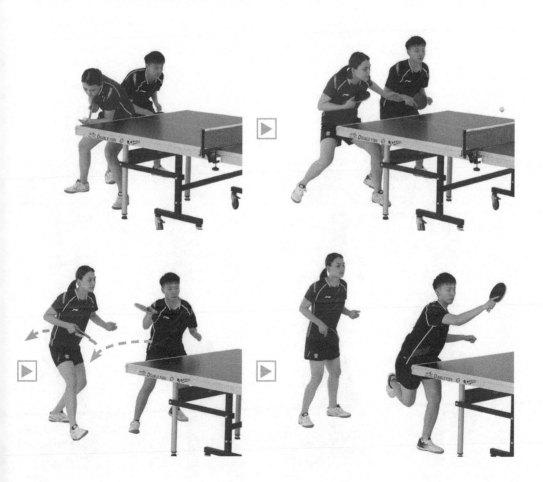

双打接发球之后的战术

在双打比赛中，第二板的接发球同样重要，是我方能否占据比赛主动的关键。接发球时，我们同样要考虑队友的第四板回球，努力提高回球质量，为队友创造进攻机会。

▶ 反手侧拧后反手上旋球

在双打比赛中，接发球球员可以通过反手侧拧回击来球，让队友在第四板时打出反手上旋球，以展开进攻。如果我方的两名球员都为右手持拍，接发球的球员向右跨步，移动到侧身位进行反手侧拧，与队友之后使用反手上旋球回击时的移动轨迹并不冲突，不用担心有相互妨碍的问题。之后，队友移动到反手位，使用反手上旋球回击。注意，对手应对反手侧拧时，第三板球的球速通常较快，我方球员要集中注意力，迅速反应。

▶ 挑接跨步后打上旋球

　　如果对手的发球为短球，那负责接球的球员应该迅速向前上步至台下，通过挑接技术回击来球，并努力提高接发球的质量，力争为队友创造较好的进攻条件。对手在第三板球时往往会使用搓球回击，回球球速一般不会太快，所以队友有充足的时间移动到合适的位置准备击球。

　　面对对手的搓球，负责第四板的球员应该迅速向左跨步，移动至侧身位，并在移动过程中完成引拍，引拍动作要充分，以加大自己的击球力度，加强正手上旋球的威力，占据比赛的主动。

作者简介

　　顾玉婷，原国家乒乓球队队员，国际级运动健将；曾获2010年首届青年奥运会乒乓球女单冠军、2013年世界青少年乒乓球锦标赛女单冠军；多次获得世界青年乒乓球锦标赛团体、双打、混双冠军和世界乒联巡回赛分站双打冠军；曾获第12届全运会团体冠军、第13届全运会女双冠军；2019年获得山东省三八红旗手称号。